國民理財
let's finance

國民理財
let's finance

0存款
就這樣買房子

鄭蓉澤 著

恆兆文化

國家圖書館出版品預行編目資料

0存款，就這樣買房子 ／ 鄭蓉澤 著.

-- 臺北市：恆兆文化，2004〔民93〕

208面，14.8×21.0 公分 --（國民理財系列：5）

　　　　ISBN　　　957-29466-2-5（平裝）

　　　　　　　　　1.房地產業　2.理財

554.89　　　　　　　　　　93006300

國民理財系列（05）

0 存款，就這樣買房子

發 行 人　　　張 正

總 編 輯　　　鄭花束

作 　 者　　　鄭蓉澤

美術編輯　　　Mac麥客張（mac@book2000.com.tw）

插 　 畫　　　林心雁（a4041a@yahoo.com.tw）

出 版 社　　　恆兆文化有限公司（http：//www.book2000.com.tw）

統一編號　　　16783697

電 　 話　　　02-27369882

傳 　 真　　　02-27338407

地 　 址　　　臺北市110吳興街118巷25弄2號2樓

出版日期　　　2004年9月一刷

Ｉ Ｓ Ｂ Ｎ　　　957-29466-2-5（平裝）

劃撥帳號　　　19329140

戶 　 名　　　恆兆文化有限公司

定 　 價　　　149元

總 經 銷　　　農學社股份有限公司　　電話 02-29178022

一個故事

　　從前有一位中國人，辛苦大半輩子後，

終於用30多年的積蓄買了一幢屬於自己的房子，

　　　　相當自傲的搬進去住。

　　　　另一位是美國年輕人，

　　剛成家就借錢買了一幢房子，

　　30年後他退休了，也還清所有貸款，

　　當他成為房子真正主人的那一天，

　　　　卻在處理售屋事宜，

因為他要把房子賣了拿著錢去住服務齊全的老人公寓，

　　　　　　安養天年……

【作者序】

0存款，就這樣買房子

　　美國人有句俗語"Home Sweet Home"，中國人則是「金窩、銀窩不如我的狗窩」，不管你住過多少五星級酒店，哪裡都不如在自家的床上睡得舒服，所以說，總想有個自己的窩，這是許多人一輩子努力的寄託。

　　目前低利率、低自備款、低房價的三低效應驅動了不少人購屋的意願，而眼明手快的銀行業者更是看好房市景氣回溫，不僅調高房屋貸款成數，有的甚至提供100%貸款額度，強調「自備款全免，只要付得起每月房貸就能買房子」，對於自備款不足者是個佳音。

　　但所謂「殺頭生意有人做，賠錢生意沒人做」，銀行當然不願意承擔太高的風險，這種全額貸款提供的對象，會有比較

嚴格的條件限制。一般而言，軍公教人員、上市上櫃公司員工、銀行白金卡客戶，或者是律師、會計師、醫生等專業人士，這群被視為鐵飯碗或者高收入者最受銀行青睞，申請100%房貸不成問題。如果不是這類寵兒，而是一般的薪水階級也不打緊，只要有固定收入、信用評等佳，0存款買房子亦非夢事。

　　雖然全額房貸時代來臨帶來人們輕鬆購屋新希望，但貸款額度過高，每月的房貸負擔相對沉重，無形中增加了理財新隱憂。因此，購屋前如何考量風險、合理分配薪資所得、如何增加個人信用評等，提高與銀行洽談降低利率的籌碼，這些都在在考驗個人的理財與資金運用智慧。

鄭蓉澤

目次

0存款，就這樣買房子

PART 2
購屋，就這樣精算

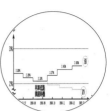

PART 3
籌措自備款的方法

PART 4
選擇對自己實用的房貸

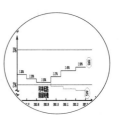

PART 5
購屋家計管理

附錄

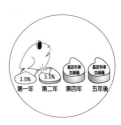

PART 1

● ● ●

購屋，ARE YOU READY？

買房子嘛！

又不是買樂透，

不需要等、不需要運氣，

只需要準備！

看看0存族購屋的經驗，

再了解目前市面上幾近0頭款的購屋推案，

凡事跨出第一步，

就會發現夢想主動向你趨近。

⌂■⌂ 低利、屋價走高
現在是購屋的預期好時機嗎？

　　「大家都在說房子的最壞時機已經過了，房價要漲價了，難道是真的？」。

　　對此疑問，不妨從房貸利率與房屋總價兩個面向觀察：

■ 房貸低利風

　　目前全球利率與國內房貸利率相對處於歷史低檔，房貸利率已經低到跌無可跌，加上政府補貼的優惠利率，房貸利率不超過3％，是國內房地產從未有過的現象。不僅首購族紛紛進場購屋，還在租房子的人，算盤打一打，也發現買屋比租屋划算，開始認真考慮買房子！

■ 房價預期走高

　　從房地產市場供需與價格關係來看，當市場供給量增加速度追不上需求量的增加時，房價就會蠢蠢欲動。

　　在房屋需求部分，一方面，適逢10年景氣循環下坡尾聲，

累積已久的換屋能量開始釋放出來；另一方面，低利率、低房價效應使房市買氣更熱絡，市場需求量快速增加。從這兩方面來看，房屋需求量正快速成長。

至於供給量部分，政府陸續祭出優惠房貸政策，已經將10年來累積的餘屋消化得差不多，加上房地產產品的生產週期較長，供給量無法於短期間快速增加。顯然目前緩慢的供給速度已無法滿足旺盛的市場需求。如果市場成交量繼續擴大，目前房市仍存在著供需落差，房價有可能上揚。

此外，去年以來，包括建築工資、地價，以及鋼筋、混凝土等建材原物料都陸續調漲，營建成本大為增加，為了反映成本，自然就是轉嫁到消費者身上——調高房價。

因此，有意買房子自住的人，在此房價仍處於相對低檔，又有政府、銀行提供優惠貸款方案，選擇適當區位與產品購買房屋，應該是值得思考、妥善規劃的。

⟨⟨⟩⟨⟩ 三低，到底有多低？

買房子，從會算貸款開始

　　如果有購屋計畫，對所謂的「三低」應該不陌生，也就是國內房市跟過去相比，處於低自備、低利息、低房價的「三低」大利多。但如果你是0存族，平時花個5仟、1萬的就算半天，碰到購屋貸款一事，那更應該要慎思、好好規劃算計一番。

　　就拿總價300萬、自備10％、90％房貸為例，頭期款只要30萬元；至於另外的270萬，其中220萬可申請政府優惠貸款（利率2.3％），剩下50萬申請銀行首購優惠貸款（利率2.5％），加總起來每月只付1萬4仟多的貸款（見右），聽起來頗心動吧！

　　當然，實際購屋可能沒有那麼完美，也許300萬的房子你不喜歡、也許自備款得超過10％，也許30萬頭款無法籌措……。不管怎樣，如果有購屋計畫不妨利用本書附錄的「年金現值表」查對購屋後每個月總貸款要付多少錢？再根據本書的購屋計畫數一數到底買房子對你現在的財政狀況而言合不合宜。

　　預算掌握住，購屋計畫就容易成功，不要忘記，人類最偉大的力量是夢想！

三低年代購屋容易，但會不會成為未來的負擔？

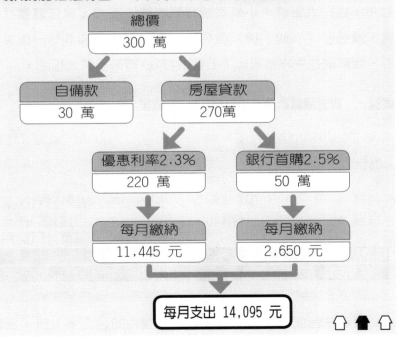

成家的代價

總價300萬，自備10%，20年房貸，每月只要繳交不到1萬5的貸款就能輕鬆購屋。（本例以本息平均攤還法計算。）

總價
300 萬

自備款
30 萬

房屋貸款
270萬

優惠利率2.3%
220 萬

銀行首購2.5%
50 萬

每月繳納
11,445 元

每月繳納
2,650 元

每月支出 14,095 元

⭧⭜⭦　0存族就這樣擁有房子

五個0存族購屋實例

　　中國人傳統的觀念「有土斯有財」。因此，人的一生中總期待著能擁有一間屬於自己的房子。但買個殼兒，可不是那麼容易，要一大筆錢，不是說想買就能買。不過，現在這個社會裡，買房子「有心」與「信用」，可能跟「金錢」是一樣重要的，我們現在先來看看以下五個0存款族買房子的過程吧！

案例一：貸舊屋買新房，小雅瘁6,000元成家

Data：	利用方法：
收入………… 6萬5仟元/月	◎自備款：
總價…………… 310萬元	借父親房屋向銀行貸100萬
自備……………90萬元	…………… 月償1萬4仟元
	◎房子貸款……1萬1仟元/月
購屋前後負擔：	
◎購屋前……… 房租2萬元	◎購屋後：全部貸款2萬6仟元

　　大學在台北唸書的旋風，在一家國內知名企業上班，每個

月收入約6萬5。由於愛車成痴，常換車，所以多年來辛勤工作所賺的錢都花在買車上面。

在房地產上班的朋友建議他，與其每月付2萬元房租不如買房子付房貸比較划算，勸他要收拾玩心，趕緊規畫！然而，翻翻存簿，根本沒有錢呀！自備款都付不起怎麼買房子呢？

有一天旋風上網收信時，看到一封辦理貸款的垃圾郵件，心裡一想，「爸爸有一棟房子，原來舊房子也可以貸款啊！」於是，他就回高雄跟家人商量，老爸也同意了。之後，他先上網查詢目前有哪些銀行提供房屋抵押貸款，並打電話請服務人員傳真相關資料先供他參考。

同時也請仲介朋友幫他留意大台北地區兩房的房子。經過半年，選中了一間310萬元的法拍屋，自備款要90幾萬元。另一方面，經過一番比較，他選了貸款條件很令自己滿意的銀行辦理房屋抵押貸款。由於老爸的這棟房子貸款早已經付清，位於市區地點不錯，因此順利地申貸到100萬元的額度，一部份拿去付自備款，另一部份則備用，以便於支付搬家、過戶等費用。

去年10月正式交屋，現在他每個月償還房屋抵押貸款約1萬4仟多元，加上自己買的法拍屋貸款1萬1仟多元，支出約2萬6仟元左右，跟以前付房租相比只多了6仟元。

案例二：軍教身份來幫忙，小夫妻飛出家族小小窩

Data：	利用方法：
收入······9萬/月	◎自備款：
總價······438萬元	跟婆婆無息借70萬元
自備······130萬元	◎團體消費性貸款
	70萬元······月償9仟元
	◎房子貸款······1萬6仟元/月
	（軍公教人員購屋貸款）
購屋前後負擔：	
◎購屋前······房租0萬元	◎購屋後：全部貸款2萬5仟元

　　結婚多年的家宜跟老公住在婆婆買的公寓，因為沒有跟公婆一起住，日子還算自由自在。但出國唸書的老公弟弟與弟媳即將從德國回來，由於弟妹有兩個小孩，房屋又是樓上樓下打通，兩家子生活起來，似乎有點擁擠，所以想要買一棟自己的房子。

　　於是他們夫婦每逢假日就開車到幾個中意的地區看房子，也委託仲介幫忙介紹。最後決定購買一間位於新店、總價438萬元的房子，自備款約130萬元。兩夫婦回家跟家人商量後，婆婆決定先借70萬給他們，另外60萬元他們計畫跟銀行貸款。

　　剛開始比較了幾家銀行的信用貸款，家宜都覺得利息太高。偶然經過上班大樓福利社時，看到某家銀行張貼在福利社門口的團體消費性貸款訊息，於是便跟該銀行聯絡。由於夫妻倆都是公務人員，信用貸款利息比一般上班族來得低，最後貸得了70萬元，貸款7年，每個月約9仟多元的本息，連同房貸（公教人員購屋貸款），加起來每個月約支付2萬5仟元，依夫妻兩人每個月近9萬元的薪水，還負擔得起。

案例三：搭會拼現金，嬌嬌女也能獨力買屋

Data：	利用方法：
收入…………… 4萬5仟元/月	◎自備款：當會頭35萬元，
總價…………… 250萬元	另外15萬元打工。
預售屋訂金25萬元	◎房子貸款………1萬元/月
第二年再繳25萬元	

購屋前後負擔：	
◎購屋前：	◎購屋後：
…………………… 房租5仟元	…會錢1萬元，貸款1萬元

　　在網路公司上班、研究所畢業三年多的君盈，每個月收入4萬多元，畢業後一直在台北租房子，每個月租金約5仟元。前年看到位於北投區一間250萬元的套房預售屋非常心動。回家盤算

了一下，初期要支付一成的簽約金與訂金，約25萬元，開始蓋房子後都不用交錢，等到快完工了，會有一些申請使用執照、水電、辦理過戶、交屋費用加起來是一成房價，也差不多是25萬元，剩下來就是房貸了。

　　於是她便請家人幫她起一個35人、1萬元的會，總計收到35萬元的會款，就先跟建設公司訂下了這間預售屋。其餘有點急又不會太急的預售屋分期款還差15萬，君盈一方面改變自己的消費習慣，凡事能省則省，另一方面，她在晚上兼了份家教，每個月多1萬多元的收入，一年半下來，還差15萬的分期款就真的存到了，沒有多久，君盈就可以歡歡喜喜搬到她的新窩了。

案例四：死保單變活錢，小夫妻甜蜜築巢

Data：	利用方法：
收入⋯⋯⋯⋯⋯7萬元/月	◎自備款：保單質借46萬元
總價⋯⋯⋯⋯⋯400萬元	，新轉戶專案貸款34萬元
自備⋯⋯⋯⋯⋯80萬元	◎房子貸款⋯⋯⋯2萬元/月
購屋前後負擔：	
◎購屋前：	◎購屋後：
⋯⋯⋯⋯⋯⋯房租0元	⋯⋯⋯總貸款2萬7仟元/月

　　剛結婚的麗華與小孟，結婚前便計畫小倆口要買房子搬出來住，但兩個人沒有什麼存款，決定不找價位太高的房屋。經過仲介的介紹，看中了高雄市一棟400萬元的房屋，自備款約80萬元，兩人深怕沒有辦法籌到那麼多錢，就請屋主給他們一個星期的考慮時間。

　　回家後，兩人開始傷腦筋怎麼籌這筆錢。小孟因為曾經在保險公司上班，知道有保單質借這一回事，因此想拿自己已經保了12年多的保單質借，便透過保險公司的網站試算了一下，大概可借到46萬元。至於34萬元的自備款差額，麗華則想辦理薪轉戶的專案貸款。

　　由於不曉得後續的房屋貸款能否貸得到320萬元，又每個月的房貸加上薪轉戶貸款是否可以承受得起？保守起見，兩夫婦先請仲介業者幫忙估算一下。

　　經評估後，因房子地點與屋況還不錯，貸款320萬元不成問題，至於房貸負擔，透過仲介公司介紹的銀行，每個月房貸約1萬9仟多元，連同每個月的保單質借利息與薪轉戶貸款，總計每個月要付2萬7仟多元。經過一番考慮後，夫妻認為兩個人7萬多元的收入，還可以應付，所以結婚後，便搬進屬於兩個人的愛窩，享受甜蜜的新婚生活。

案例五：等了3年，終於等到租比買划算好時機

example

Data：	利用方法：
收入…………………7萬元/月	◎自備款：賣掉車子得60萬
總價……………… 350萬元	元，公司低利貸款45萬元
自備……………… 105萬元	◎房子貸款… 1萬4仟元/月
購屋前後負擔：	
◎購屋前：	◎購屋後：前三年月償2萬8仟
…………… 房租1萬6仟元	元，以後月償貸款1萬4仟元

　　在私人企業服務11年的許先生，3年前一家人在台中市租了三房兩廳的房子，每個月租金1萬6仟多元，當時他住的附近房價大概500萬元，他算了一下，即使申請到優惠房貸，每月需繳交2萬元以上的房貸，所以暫時不考慮買房子。後來隨著景氣低迷，台中房價頻頻下跌，舊有住家附近房價跌了三成左右，若能再搭配優惠房貸，每月房貸可以降到1萬多元，比他現在的租金還便宜，因此，許先生便開始計劃轉租為買。

　　他看中了一間350萬元的房子，自備款約105萬元，但因手中沒有存款，為了買房子，就將車子賣掉，大概籌到60萬元。剩餘的45萬元，利用公司提供的員工低利貸款，分3年償還，每

個月償還1萬3仟多元。他想只要辛苦3年就好，因為前3年要一起還公司員工貸款與房貸，每個月支付金額總計約2萬8仟元，以夫婦倆人近6萬元的收入，只要節省一點，不成問題。今年6月，公司員工貸款即將還清，往後每個月只要付1萬4仟多元的房貸就可以了。

信用、還款來源、還款能力
0存族購屋必備的三個條件

對於0存款的購屋者來說，評估能否購屋有兩個重要的點，一個是買之前，要有辦法借到自備款，再來就是買之後，有能力償還自備款與房貸。

一般來說，除自備款外，還要準備一成為必要的雜支，包括一些裝潢、房屋買賣稅賦、搬家等費用，規畫預算時一定不可漏掉這筆費用，假設房屋總價300萬，一成就是30萬，沒有算到這一成現金支出，對0存族而言，很容易在購屋之初就陷入財務困境。

除了自備款，還要準備1成的費用當準備金

 成 ＝ 2 成 ＋ 1 成

安全的購屋準備金　　　　　　自備款

購屋雜支
稅、設定費、
搬家費、裝潢
費等……

在上一節，我們提到五位0存族購屋的實例，你或許心裡有個盤算──其實，我條件也不比他們差，買房子應該沒有問題吧！

但若你仔細推敲上面的實例，不難發現，0存族欲完成築屋夢可是有條件的：

條件 ① 信用好──有機會爭取優惠利率

不少推案建商以0頭期當廣告，看起來似乎很合於0存族的需求，但不要忘記，購屋一定有基本的前期開銷與後期貸款，這些一定會牽扯到借貸，不管你跟親友借或向銀行借，如果你有信用不佳的記錄，勸你先打消購屋念頭，因為不可能爭取到銀行優惠利率，親友方面也難以說服他們提供融資空間，若「硬」要借當然是借得到，但那只能叫做「飲鴆止渴」，很容易陷入財務泥沼。

跟別人借錢，首重信用，信用等級越高，越容易借到便宜的錢。

如果你有信用卡使用上的瑕疵或信貸逾期等等的紀錄，但自己也不確定到底「嚴重性」到什麼地步，最簡單的辦法就是

上網或打電話向徵信機關查詢，就能簡單的評估自己過去信用狀況了。

 條件 ②
穩定工作──確保還款來源

　　為什麼一定要有穩定的收入來源？因為唯有如此，借你錢的人才不致產生「肉包子打狗，一去不回」的不安感覺，降低他們放款的風險性。因此，工作不穩定，或者隨時有被裁撤的可能，甚至是沒有工作的0存款族，最好不要舉債買房子。

 條件 ③
還得起──還款能力不成問題

　　沒有存款的人，等於你買房子的錢，包括自備款、貸款都是用借的，不好好盤算一下的話，可能會蠟燭兩頭燒，最後負荷不了。因此，購屋人必須自行推算，最好根據自己的財務現狀評估可以買多少總價的房子、有多少的能力可支應貸款，並根據貸款額度、貸款年限，計算出是否具備還款的能力，以及未來房貸是否會造成每月生活的負擔。

　　如果沒有足夠的還款能力，勉強是沒有幸福的，沒精算好的話，所購買的房屋有可能變成真正的「不動產」－－動彈不得，甚至淪為「負資產」。

有下列情況，較難取得貸款—

1. 填寫銀行貸款申請表時，內容蓄意隱匿或不實。

2. 最近一年內有退票紀錄；信用卡被強制停卡。

3. 銀行貸款本息繳納有延滯紀錄者。

4. 債票信用不良或違反誠信原則登記有案者，如犯詐欺、背信罪、曾被強制執行、查封或法拍等。

🏠🏡🏠　5萬元搬新家，100%房貸

銀行、建商使新招，購屋更Easy

留心地產廣告你一定曾發現，有些推案地點、格局看起來都很好，而且自備款很低、房貸也很低，別說房價的一成，有的甚至只要自備5萬元，就能買下台北市一間總價近400萬元的房子。

這種類型的低自備款推案，究竟在玩什麼呢？

簡單的說，它是一種預售屋的行銷手法，目前市面上許多預售屋建案均是採取此類話術，以低頭期款策略吸引資金不充裕，但又渴望購屋的消費者。

■　五萬元搬新家，怎麼計算？

曾有建商在台北市區推出「5萬元搬新家」的建案，引發市場高度關注，該建案為12坪、370萬元的挑高套房，首先，只要付總價的1.3%作為簽約金，僅5萬元即可下訂，比一般預售屋將近37萬元的一成自備款還低，大大地降低了購屋的門檻。其

次，開工後到交屋約一年半的時間，這期間的工程款，每月只要支付16,800元。最後，完工後八成房價由銀行提供20年貸款，一成房價則由建設公司提供5年無息貸款，前5年本利均攤，每個月的月付款約2萬元，足夠以租金支應，不但適合自住，也能投資，難怪吸引不少投資客上門。算一算，這個建案，截至交屋前，大約一年半的時間，購屋民眾總計只需支付總價一成現款，比起一般預售屋買家在交屋前，就已經先繳付二至三成價款，門檻的確下降不少，可說只要有穩定工作，就有能力買房子。

自備款低，購屋門檻相對低，對於購屋者而言，屋價不變，變個方式輕鬆付款，雖然十分體貼，但購屋更要有周全的理財規劃，另外，在選擇時也要更為小心。尤其標榜低自備款的預售屋潛藏不少看不見的陷阱，不可不慎！

（預售屋潛在陷阱，請參閱附錄三）

■ 100%房貸漸成主流，負債控管不容忽視

國內的銀行就如同便利商店一樣，分行家數多得不得了，銀行間搶客戶的情況屢屢可見。尤其隨著房地產的景氣復甦，

為了搶攻房貸戶，不僅殺價競爭，房屋可貸成數更愈提愈高。

在過去銀行業者核准房貸成數約為七成至八成，以一棟500萬元房屋為例，即使可以取得85%貸款額度，自備款也要75萬，算來也不是筆小數目。為了降低購屋者的自備款壓力，以往銀行多以信用貸款搭配房貸不足的部分，尤其一些大型行庫更提供一般信用正常客戶在自備款的借貸上有低於5％的信貸利率水準。

近來，為了衝刺房貸業務，更有多家銀行推出100%全額型房貸，讓消費者不必準備自備款也能買屋。但全額型房貸對銀行仍有風險，所以並非開放給所有客戶，主要對象是針對大企業主管、軍公教人員、會計師、律師、建築師及醫師等專業人士；至於房屋也是針對比較抗跌的都會地區自住型住宅，才會提供全額型貸款。

現今銀行競爭趨近白熱化，預料未來全額型房貸將躋身為市場主流，它雖然看似暫時減輕民眾準備自備款的壓力，不過這種「先甘後苦」型的全額房貸，第二年以後的利率通常較一般房貸高。由於房貸動輒10年以上，剛開始欠的愈多，未來負擔就愈重，現在或許負擔得起，但難保未來利率揚升、收入不穩或臨時需要用錢，將發生繳不出房貸的窘況。

　　因此，面臨全額型房貸時代的來臨，輕鬆成家變得簡單，但小心控管自己的資產負債更不容忽視。

PART 2

● ● ●

購屋，就這樣精算

O存族購屋風險當然頗高，

所以出手前得精算仔細，

不能因買房子而失去生活品質，

最重要，也要把風險一併評估進去。

⇧◼⇧ 租屋族購屋停、看、聽

算一算租好？還是買好？

　　會激勵租屋族購屋最大的動力往往是「反正要付房租，不如拿來付貸款」，但房租與貸款不能光憑表面數字作比較，最低限度要將購屋準備金與房貸支出相加後才與租金相比。

🔍思考　**租屋、購屋何者划算？**

① 購屋預備金	=	自備款	+	一成雜支
	=		+	

② 房貸	=	

購屋成本	=	①購屋預備金	+	②房貸
	=		+	

比較　購屋預備金月支出＋房貸月支出＝總貸款月支出

	+		=	

總貸款月支出＞月租金支出 ➡➡➡ 租屋划算

總貸款月支出＜月租金支出 ➡➡➡ 購屋划算

【範例說明】

小華房租支出每月2萬元，媽媽允諾小華若購屋願意拿出100萬補貼自備款。

小華看中了總價500萬、頭期款三成的房屋，小華的自我評估如下：

◎　當個 貸款蝸牛族 　　　　月付房貸：25,500元

> ⓘ 購屋預備金
>
> 　＝房價3成＋一成雜支
>
> 　＝150萬＋50萬＝200萬
>
> （100萬媽媽給，另外100萬
>
> 以9%信貸，月繳7,500元）

> ⓘ220萬優惠房貸利率2.3%
>
> ⓘ130萬銀行首購利率3%
>
> 　月繳18,000元

◎　當個 寄居蟹族 　　　　月付房租：20,000元

> ⓘ忍受不穩定的居住品質
>
> ⓘ沒有安定感
>
> ⓘ缺少可以靈活理財的工具

> ⓘ每月租金支出20,000元
>
> ⓘ付出租金沒有任何回報與
>
> 　期待，純然是消費品

思考 維持生活水準的合理房價

　　把可用的錢全都用來付房貸是很不智的，購屋必需兼顧生活品質與儲蓄理財，才不會把該活用的錢給卡死了。以下的試算很值得推薦，因為把未來生活變素也考慮進去了！

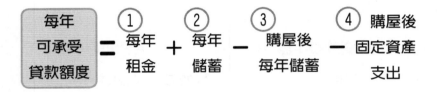

每年可承受貸款額度 ＝ ① 每年租金 ＋ ② 每年儲蓄 － ③ 購屋後每年儲蓄 － ④ 購屋後固定資產支出

① **現在一年的房租**

所指不只是房租，還包括正在支付的管理費、停車費等。

② **現在每一年的存款**

包含儲蓄型保險、定期定額基金、定存、會錢等等，若不確定可取平均值捉個約數。

③ **購屋後每一年的存款**

「購屋」往往是很多人生活型態的改變，諸如結婚、生小孩、開始想存退休金啦等等，有些是跑不掉的支出性存款（為應付某項開銷），有些則是儲蓄性的存款，要一起算進去。

④ **固定資產稅等居住費**

新房子的管理費、每年地價稅房屋稅、公積金、停車費等。

【範例說明】

承上例，小華目前的財務狀況與未來的理財每年需求如下，在沒有增加收入的前提下，如果只靠他自己的能力，他可以購買的屋價應該多少為合理？

購屋前：

　　　租金：240,000元

　　　保險：60,000元

　　　基金：36,000元

購屋後：

　　　保險：60,000元

　　　基金：36,000元

　　　結婚基金：60,000元

　　　新房停車費與稅：40,000元

小華每年可承受的貸款額度為：

　　　240,000＋96,000－156,000－40,000＝140,000元

換成每月可付出的貸款約12,000元（140,000/12）

小華在購屋時就可以以12,000元當成每月可付貸款的參考值推算出房價。如果有加薪機會或是長輩提供現金，再以此為基礎上下加減就很清楚了。

⇧◼⇧　別為搶便宜趕時髦而購屋
認識購屋風險與目的

　　許多人認為，購屋屬於「投資」，跟租房子這種「一去不回」的錢是不一樣的，所以，不能拿房租與房貸相比，更清楚點說，大家會認為，付房貸應該可以比付房租多一點是合理的，這雖然也是一種思考方式，但是，這種想法前提是你手上有相當的自備款才成立的，因為房子投資屬於高風險性投資，若你是0存族，站在理財角度來看，應該以實用性並可以取代房租為主。

　　0存族購屋的目的，自然與注重未來潛力、可出租收取報酬的購屋族不同，在購屋之前，先要把目標釐清，而在下手之前，要先確定的有兩項事：

◼　風險規畫

　　最安全的生活規畫，手邊至少要保留3~6個月的生活費，也就是說，如果你每個月的生活費是1萬5，那麼，最起碼身邊要

保留4萬5~9萬的閒錢，才比較能保障萬一失業或臨時意外發生，有可應變的空間。

　　另外，目前雖然正值利率低檔，但並不表示未來一定永遠是低檔，當利率上揚，貸款支出就會增加，這種風險也要把它考慮進去。

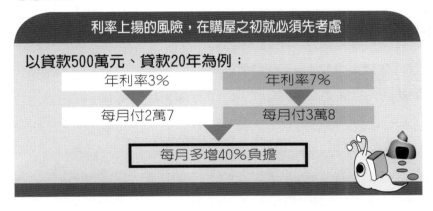

利率上揚的風險，在購屋之初就必須先考慮

以貸款500萬元、貸款20年為例：

年利率3%	年利率7%
每月付2萬7	每月付3萬8

每月多增40％負擔

■　清楚購屋目的

　　美美一直想買房子，年前順利的在八里買到總價450萬元的小套房，環境格局都好得不得了，而且錢的方面完全沒有問題，但自從交屋以後半年來她只去住過不到一個星期，理由是她工作在台北市，本來想買車天天通勤，但工作實在太忙了，別

說買車，根本連上駕訓班考駕照的時間都沒有，所以，房子買是買了，卻還是租房子在公司附近。

話說國內房市的三低效應，帶進不少手頭游資過多的地產投資客，他們計算著把錢存在銀行的利息遠低於購屋出租收取租金的收益。

或許你也會認為，沒關係，反正房子買了不用也可以當成投資，這種邏輯雖然不錯，但對0存族而言，卻有待商榷。因為只有在你本身就有一筆周轉金購屋時才能叫「投資」，否則，就應該先考慮到實用性的問題，而非投資增值問題。

依財力不同，購屋考量點也不同：

0存族買房仍應以實用為第一考慮

	財務狀況		選屋考量
增值型	有大筆現金		未來發展潛力
理財型	有足夠的現金		出租高報酬率
實用型	現金0或很有限		取代租金

■ 選擇房屋的步驟

如果你已經決定開始物色房子了，建議你可以從以下步驟一步一步的考慮：

1 先鎖定地點—以就業或就學，最經濟、動線最方便的地點。

2 三年內自己或家庭的規劃為何—以目前工作為重，選擇離上班的地點近一點；還是短期居住，未來打算移民或到國外工作或唸書？

3 心理因素—那種居住品質就讓自己愉快？什麼都方便的市區？還是空氣好的郊區？

4 決定屋齡—預售屋、新成屋或是中古屋？

5 選擇類型—是大樓、公寓、別墅或透天厝？

6 買多大的房子，要套房，二房或三房以上？

7 房屋總價，作為本身購屋能力計算的參考值。

由固定薪資開始推算
可以買多少錢的房子

　　沒得選擇，0存族只能選購低總價、低自備的房屋，因為自有資金0的前提下，等於你的每一分錢都是借來的，若是從長輩那裡以買房子名義拿到頭期款那也就算了，但若是由銀行或起會等籌措來的資金，這些「代價」都不低，雖然每個人都愛漂亮的大房子，但低總價絕對是第一考量要素，試想，如果只是每月領三、四萬固定薪水的上班族，短期內靠自己買棟上仟萬的房子，困難度相當高，不僅房貸負擔不起，籌自備款更是個難題，若購屋的夢想就卡在這裡，那就有點小可惜，當然，為了買個房子，變成銀行的搖錢樹，那就更不智了。

　　但也不要看到這裡就很沮喪哦！因為只要肯花時間，多研究房屋資訊，不怕腿酸、不怕麻煩，所謂「貨比三家不吃虧」，相信總能找到低總價、低自備款，而地點又好的愛窩。

■　從收入推算，我可以買多少錢的房子

　　為求結構的安全，建議你由月收入及月支出來訂出最適合

的貸款計劃，可避免享受暫時資金融通好處卻導致長久信用評等不良的後果。

　　一般家庭每月負債不要超出每月家庭收入的1/3，才是合理的負擔，如果家中不固定收入佔大部分，更應該保守一點。尤其籌措自備款之前，如果你已經有其他的債務存在，如卡債或車貸等，除非你可以將這些債務連同自備款貸款與房貸的金額，控制在月收入1/3以內，否則不建議買房子。

每月總貸款須控制在月穩定收入1/3以下

$$\boxed{\text{A 房子貸款}} + \boxed{\text{B 汽車貸款}} + \boxed{\text{C 其他貸款}} < \frac{\text{固定收入}}{3}$$

【範例說明】

楊先生一家每月總收入為45,000元，要付汽車貸款4,000元、信用卡循環信用3,500元，總共7,500元，楊先生最多貸款額為15,000（45,000×1/3），如此一來，購屋的開支每月不得超越7,500元（15,000元－7,500元），這就是楊先生每個月最高的購屋貸款金額。

當你算出每月可付貸款額度，就能利用以下兩個公式，粗略算出房價，當然，這些都是觀念性的參考公式，你可以按照自己情形酌斟。

◎ **第一種：以每月可還貸款金額往回推**
〈合理貸款金額約佔月薪總額的1/3至1/5〉

房屋總價 ＝ 每月可還金額 × 12月 ÷ 房貸利率 ÷ 房貸成數

【範例說明】

英雄想買房子，每月可負擔1.5萬元的貸款，若以貸款成數7成、房貸利率3%、貸款20年計算，他可以購買的房子價位為：

1.5萬元×12÷3%÷70%

＝8,571,429元───→房貸利率3%時，可買800多萬的房子

但英雄把房貸利率調成7%，再算一次：

1.5萬元×12÷7%÷70%

＝3,673,469元───→房貸利率7%時，可買300多萬的房子

所以，利率是很重要的關鍵！

◎ 第二種：按年家庭可支配所得計，約所得的3.5到4倍

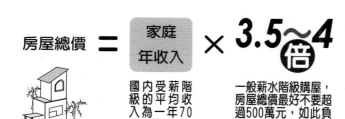

房屋總價 ＝ 家庭年收入 × 3.5~4倍

國內受薪階級的平均收入為一年70～80萬。

一般薪水階級購屋，房屋總價最好不要超過500萬元，如此負擔才不會過重。

【範例說明】

依據去年家庭可支配所得計算，台灣的合理房價在350萬元左右，都會區會高一點，台北市約450萬元上下。因此，一般薪水階級的0存款族，真要買房子，房屋總價最好不要超過500萬元，低於400萬元最佳，如此負擔才不會過重。

⚪🏠⚪ 預售屋、中古屋、新屋屋

認識購屋付款方式

一般說來，預售屋的自備款最低，大約只有房價一成，新成屋約兩成，舊屋則在三成以上。

小坪數、郊區、少自備款的預售屋幾乎是0存族購屋的首選，雖然條件可能跟想像中的「夢幻屋」頗有差距，但等到財力允許，利用財務槓桿操作，賣掉第一棟房子，再輕鬆換另一棟自己理想的房子，也是一個方法。

自備款的需求：

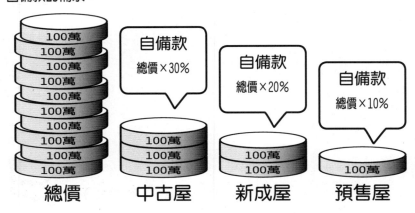

　　例如，在交通不成問題情況下，若你是在台北市上班，選擇台北郊區，像淡水、土城、新莊、林口、三峽等，就可以買到二到三房、總價300多萬元的公寓或華廈，以新成屋兩成上下的頭期款來算，有45萬～90萬的購屋準備金即可購屋。

　　如果買小套房，近來在銀行高額貸款與建商刻意壓低自備款下，總價200多萬元即可在台北市買6到8坪的小套房，是經濟能力不夠寬裕的上班族或單身貴族不錯的選擇，前期只須籌措幾十萬元，就可輕鬆入住。如果所購買的是預售小套房，購屋門檻就更低了，不過套房比較容易發生貸款不足額或銀行不願做貸款的情形，購屋人最好先問清楚。

　　買預售屋風險比較高，但好處是可以用比較少的自備款買房子，還可依工程進度分期繳納，但要清楚如何付款？若是一期一期付每期間隔多久？因為房子在完成地基之後，後面工程進度比較快，原本二個月，可能變成十天、一週就要繳納，很容易造成週轉問題。

預售屋付款流程

自備款	工程款	銀行房貸
簽約款、開工款	分期繳納，依照工程進度支付。	完工交屋後才開始負擔貸款。
10%～15%		85%以上

⌂🏠⌂　別放棄自己的權益

殺個價、再談個利率。

　　建商拉高房價以保留自己的獲利空間，幾乎是房市交易裡的慣例，因此，買房子的你也要盡力壓低價格，能殺就盡量殺，因為殺價所減少的購屋支出可能比優惠房貸來得多。例如，房貸450萬，20年期年息固定7.5％共須繳870萬元左右，如果將利率降到5.5％，約繳743萬元，兩者相差127萬元，但如果你房子殺價的幅度能超過127萬元，議價效果即超過房貸效果。

　　議價沒有一定的原則，但預售屋、中古屋設定的底價會比公開價格低約5％左右，通常在預售屋或首次出售時，建商或屋主比較會堅持房價，不容易殺價，但若等到餘屋出清時，議價空間就會加大。

　　當然，殺價要有一些技巧，例如用「放大鏡」來看房子，也就是說多提出房子的缺點，不過也不是無理取鬧，而是要合理的挑出來，讓屋主不得不接受，例如油漆太舊、廁所太髒，有污漬好像會漏水等，越能挑出毛病，屋主降價的可能性就比較高。此外，即使你多麼中意房子，也不要顯露出來，否則會

被屋主吃得死死的,最好表現出可要可不要,有多家好的選擇等著你的態度,給自己保留一點議價空間。

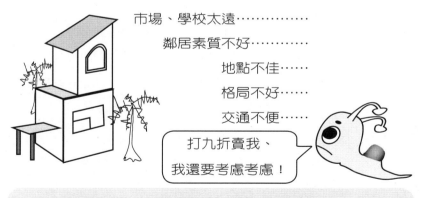

市場、學校太遠……………

鄰居素質不好…………

地點不佳……

格局不好……

交通不便……

打九折賣我、
我還要考慮考慮!

　　不管新舊屋,遇到很滿意的也不要表現出來,再嫌地點不佳、另有更好的選擇、交通不便……,總之,得找各種理由「魯」到5%的議價空間。

PART 3
●●●

籌措自備款的方法

自備款是購屋一大門檻，

好消息是現在借錢很容易，

壞消息則是現在借錢太容易了，

因此，怎麼借、用什麼身份借、如何比價變得很重要。

⇧🚫⇧　多借麻煩的錢

自備款籌措原則

　　20年前，王伯伯為了給一家老小有個遮風擋雨的小窩，於是省吃儉用長達5年，存到了50萬才買得起一棟100萬元的房子，當時貸款額度是5成，貸款利率約10%。

　　20年後，王伯伯的兒子小王結婚了，想在老家附近買棟房子，然而，相同的地段、格局的房子，總價卻要560萬元，不過房貸可以高達8成，利率也降到3%。小王算一算每月貸款大約2萬元，對有固定收入的他而言，不是件難事，但麻煩的是，高達1、200萬的自備款與購屋裝潢、雜支等，對0存款的小王而言，就十分頭疼。

　　當然，他也可以學他父親20年前的方式，先存個5年把頭期款存夠了再來買房子，不過，一來是他購屋有迫切性，二來萬一等到自備款存夠了，房價上漲外加房貸利率又提高了，那是頗為可惜的事情。

　　的確，許多0存款族買房子都卡在自備款，自備款是買房子的重要門檻，無法跨過，就談不上買房子。

■ 麻煩的，就一定佔便宜

對於手邊沒有積蓄的人，不管1％、10％還是20％，數目都不少。基於錢必須花在刀口上、利益要歸於自己的原則，借錢之前，建議四處詢問，多打聽，所謂「麻煩就是佔便宜」，看看自己符合哪一些借錢管道的要求，然後再考量個人資金需求的多寡、借貸的利率與方式、還款能力及動用時間的長短等因素，為自己選擇一個划算又合適的借貸方式。

所幸的是，現在的借錢管道很多，只要你信用良好、有穩定還款來源，再掌握低總價、低自備款原則，對外舉債籌措自備款應該不成問題。但關鍵點在於你還不還得起？能借到多少錢？最重要的是，取得這筆自備款的成本（利息）有多少？

■ 借錢管道多樣、任君選擇

如何籌自備款，又分兩種，一種是向非金融機構，一種是向金融機構。兩者均有其風險與困難度。

個人關係良好者，可以考慮直接向親友開口周轉。如果自己的父母有存款，且肯幫忙，是最好不過了，如果不行，再轉

向其他的親戚朋友求助。不過,親友借貸首重信用,所謂「有借有還、再借不難」,維持雙方良好關係,自然有得借。而且為了不讓對方吃虧,還可以主動要求支付利息給對方,當然,這利息是可以談的,彈性相當大,從免利息,到月息一分半、兩分都有,視調度的金額、還款期限以及彼此交情而定

　　由於借錢管道多,名目與花樣也多,借錢之前,不妨多多瞭解籌資的管道有哪些?所要付出的成本多少?每種管道可以借到多少錢?才能從中找出適合自己的資金籌措管道。有些0存款族身上沒有現金,但身上卻有定存單、保險、股票、基金、車子……等等,即使你不想變賣來買房子,利用它們來向金融機構借錢,也是籌措購屋頭期款的方式之一。

Column
　　民間常用「分」來談利息,所謂的1分,指的就是月利率1%(年利率12%),1分半就是月利率1.5%(年利率18%)依此類推。

自備款籌措方式：

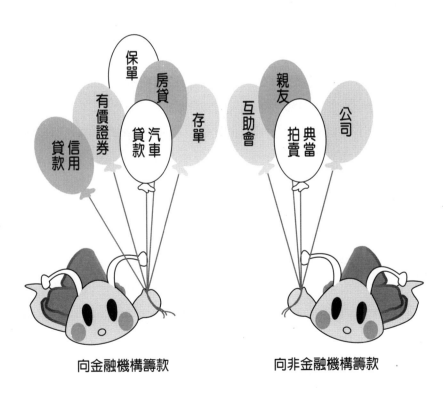

向金融機構籌款　　　　　　　向非金融機構籌款

♔♟♔　非金融機構籌款（一）

向親友借貸

「愈麻煩的錢，就愈便宜；愈便宜，愈要想辦法多借」。

跟家人親友借錢因為要拉下臉來開口，且要說清楚講明白，有時很願意借錢給你的人又不見得有現金，可能得請他們把房子、金子拿去抵押借錢給你，那種麻煩程度、尷尬程度是很高的，但相對於其他選擇，往往也是成本最低的。

所以，在這裡極力的建議0存族，購屋籌頭期款千萬要把家人、親友當成是「第一目標」，先從這個最麻煩的地方下手。

當然，跟人借錢，不能只是空口說白話，最低限度你一定要準備兩樣東西，一個是你自己的「借、還計畫表」，另外，就是「借據」以表示「親兄弟明算帳」的決心。

至於利息要算多少？一般來講都是以交情深淺來訂定，如果是父母長輩的錢，你可以「賊」一點，以銀行定存利率當成參考值再加一、兩碼，按月加算利息給他們，如果是一般朋友，且大家信得過，一起幫你起個會，由你當會頭，資金取得幾乎是0成本，也是一個很好的籌資方式。

　　現代借錢管道很多,尤其是信用佳、工作穩定的人,銀行信用貸款動不動就給你1、200萬的額度,但這種錢你要借嗎?

　　理論上,如果銀行願意借錢給你,你的親友更願意借錢給你,所以,千萬不要一開始就捨近求遠,應該先把親友家人能借的先試試看,找不到的話再找其他辦法。

　　以借100萬,5年計算,跟親友借如果年利率是2%,另一個則是以16%向銀行借信貸,若以本息平均攤還法,兩者之間利息付出的差距竟可以高達40萬!

100萬利率2%與16%,五年利息相差40萬

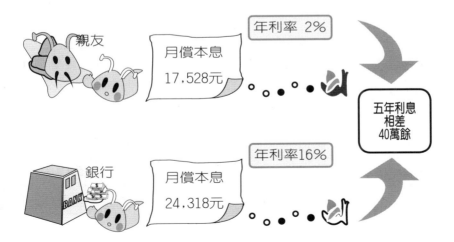

親友

年利率 2%

月償本息
17,528元

五年利息
相差
40萬餘

銀行

年利率16%

月償本息
24,318元

⇧■⇧ 非金融機構籌款（二）
向公司借款

　　有些公司會提供低利貸款給服務滿一定年限的員工，當成員工周轉或購屋之用。至於要服務滿多少年以上，利率與貸款成數多少，各家公司規定不一樣。不過，基本上，公司提供的貸款利率會比市面上的利率為低。

　　如果有需要的員工，可以參考公司核發的員工手冊之規定，或者洽詢公司福委會或人力資源等單位，了解清楚。

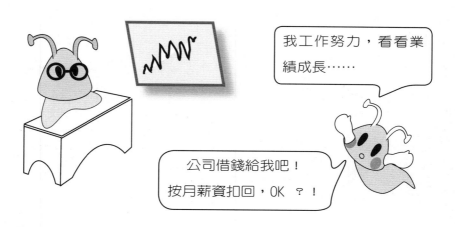

⚫⚫⚫ 非金融機構籌款（三）
參加互助會

　　互助會是由會首邀集一群會腳所組成，目前仍是國內民間非常普遍的理財活動。即使在現今理財工具推陳出新的時代裡，仍佔有一席重要地位，主要是它除了能強迫儲蓄、利息又不差，還具有便利性，當你想要籌措一筆可觀的現金時，是個很好的借貸管道，不用複雜的程序或抵押品就能標下一筆遠大於日常收入的金額來應用。

　　互助會類似銀行「零存整付」的概念，每期賺的就是標會的利息，如果你提早準備購屋自備款，可以坐收尾會的整筆資金，既賺到利息又強迫儲蓄。若你是急著要用錢，向親友開口又失顏面的話，倒可以考慮請他們來搭你的會，由你當會首，會首的好處是借錢免利息，且立刻就享有收受頭期會款好處。

　　例如，如果你想要籌措30萬元自備款，可以起個1萬元、31人的會，當「互助會」開始時，第1期，你即可收到30個會員、每個人繳交1萬元的會金給你，總計30萬元。如此一來，買房子的頭期款是不是很快就有著落了呢？但相對的，會首要善盡開

標、收送會款等義務，也要負擔會腳倒會時的連帶責任，若有會員不按期繳納會款時，會首要想辦法自己先墊付給得標的會員。因此，要當會首，最好先了解各個會腳的家庭狀況、信用、從事的工作，以及財務狀況等。

■ 先要了解內標與外標

標會的方式分為內標與外標，內標是死會會員每期繳納固定會金，活會會員則繳納會金減去標息；外標是會會員每期繳納固定會金，死會會員則繳納會金加上標息。

標金關乎著利息多寡，一點也不能馬虎。如果你是會腳想以標會取得一筆資金，當然愈晚標、借款利率愈低，因此，標會前應多比較是否有更划算的方式，可以借到相同的一筆資金，如果沒有，再考慮標會。

所得會款計算公式

內標型當期得標者應得會款

= 死會次數 × 每期會金 + (每期會金 − 當期出標金) × 活會次數

標金如何折算成利息公式

$$每月月利息 = 標金 \times 2 \div 總會款 \times 100\%$$

【範例說明】

小美參加了一個20個人的內標型會，會金10,000元，底標1,200元，第6會時，她以1,400元把會標下來，下表是前五期的標金。那麼，小美取得這筆錢，年利率大約是多少？

小美前五期標金一覽表：

會期	標金
第一會	0
第二會	1,300
第三會	1,200
第四會	1,400
第五會	1,300
第六會	1,400

Step① 先算當期得標總會款：

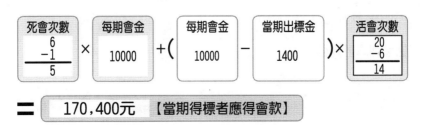

= 170,400元 【當期得標者應得會款】

Step② 再算得標的年利率：

$$\boxed{\begin{array}{c}\text{每月月利息}\\1.64\%\end{array}}=\boxed{\begin{array}{c}\text{標金}\\1,400\end{array}}\times 2 \div \boxed{\begin{array}{c}\text{總會款}\\170,400\end{array}}\times 100\%$$

$$\boxed{\begin{array}{c}\text{標會年息}\\19.7\%\end{array}}=\boxed{\begin{array}{c}\text{月利息}\\1.64\%\end{array}}\times 12$$

　　基本上，合理的底標價大概是銀行定期利率加5％左右，千萬不要為了得標，一時衝動而大幅拉高標金，否則要付出高額的跟會利息，可就不划算了。

■ 借標方式

　　如果你沒參加互助會，又不想起會當會首，或已死會，沒會可標，可利用「借標」方式標會，也就是借會員名義來標會，並徵得所有會員同意，然後借標人再給被借標會員相當的利息補貼（每期標金）和收益（借標利息）。至於要不要額外再多收借款利息，視交情而定，一般是依銀行利率斟酌計息的。

借標利率計算公式

$$\boxed{\text{借標年利率}}=\dfrac{\boxed{\text{標金}}\times\boxed{\text{借標月數}}}{\boxed{\text{總借款會金}}}\times\dfrac{\boxed{\text{12個月}}}{\boxed{\text{借標月數}}}\times 100\%$$

【範例說明】

　　王伯伯兒子買房子需要60萬元的自備款，因此向多年好鄰居許媽媽情商借標。

　　許媽媽參加一個32期、每月2萬元的會，在王伯伯承諾補貼許媽媽每個月的利息損失後，當期以1千5百元標金標下會，將約60萬元的會錢全數交由王伯伯週轉，1年半後，王伯伯兒子將所借的款項還給許媽媽，並結束借標。

　　以下的利息算法僅供參考，一般民間大都依著這個標準上下加減計算：

1. 利息損失補貼：王伯伯自得標日起，每月必須給許媽媽每月1千5百元利息損失補貼。
2. 借標利息：至少年利率3%（1,500×18÷600,000×12 ÷18×100%＝3%）的借標利息。
3. 借款利息：總額60萬元、1年半的借款利息，可參考銀行利率。

　　「借標」之所以能夠成立，通常雙方都有不錯的交情與信任，但是，遊戲規則必須在借標之前雙方講清楚，一方面避免日後糾紛，另一方面可以先盤算一下是否划算，再決定要不要借標。

非金融機構籌款（四）

拍賣或典當

　　沈先生投資金銀幣有好幾年了，最近市場行情不錯，他想進一步擴大投資時，卻被一筆不小的費用難倒了。再三考慮下，把家中現有的金銀幣抵押給當鋪，再將抵押來的錢再投入金銀幣市場，在行情頻頻升值下。沈先生一臉笑容地說：「幸虧當初想到了典當」。

■　新型態當鋪，不再是窮人的銀行

　　以前走進當鋪借錢，令人有窮途末路之感，但現在不少典當業轉型，不僅有一定的借錢規範，典當也相當多元化，讓民眾更容易調度現金。所以，進當鋪已擺脫過去給外界的印象，不再像以前只有那種走投無路，等米下鍋的窮人才會去的地方了，不少熟門熟路的投資人或者極需週轉金的人，都會想到典當。

　　典當主要拿有價值的財物去當鋪擔保抵押，取得臨時性的

貸款，只要你在約定時間內還本，並支付一定的服務費（例如保管費、保險費、利息等）即可贖回當物。

　　典當的優點是貸款手續簡便、快捷、省時、省力，不像銀行手續繁瑣，層層審批且周期長，難以應急。而且流當品只要繳息正常，三個月內當鋪都不會作處理，顧客還是可以贖回。

　　目前當鋪接受的典當品也走多樣化，只要你手頭擁有價值較高的金銀珠寶、郵票錢幣、古董字畫、汽機車、證券、住房、電器相機、名錶或積壓商品、工廠機具等，都可以向當鋪典當。有些當鋪甚至接受電腦相關器材、手機、「名牌」，還打出「萬物皆可當」的口號，除了不能像「第八號當鋪」接受四肢、五臟、運氣、際遇、快樂以及靈魂等做典當物之外，拖鞋、皮鞋、蠟燭飾品、摺疊床都可以拿來當。

■ 公營當鋪VS民營當鋪

　　一般人可能不曉得，「當鋪」也分為公營與民營當鋪，兩者之間雖然都名為「當鋪」，可是營業項目與利息差異頗大。

　　公營當鋪就是所謂的「動產質借處」，目前只有台北市及高雄市有設立，提供的融資利率及成數比較優惠，可接受的質押品包括黃金、鑽石、勞力士錶、相機等。

　　至於民營當鋪，你可以這樣子想，民營當鋪接受公營當鋪所有的典當品，但它的範圍又更廣了，像是古董字畫、首飾、汽車等都可以抵押借錢。

　　質借利率方面，公、民營差很多，公營當鋪的利率約月息1分（年息12％），民營當鋪約月息4至10分之間（年息48％至120％），相較之下，民營當鋪非常昂貴。

民營比公營利息貴很多

4～10倍利息

民營當鋪
年息48～120分

公營當鋪
年息12分

■ 典當可以當得多少錢？

最常見的典當品是汽車，它的價值會隨著使用年限遞減，以高價的新車典當的話，當然就可以拿到不少錢。

當鋪最喜歡黃金、金飾等抵押品，這些物品等於是「現金換現金」，價格較穩定，如果你是手上有黃金（例如結婚時的首飾），賣掉覺得很可惜，但又需要一筆錢，先送進當鋪當抵押品，可以借到便宜的錢。

一般珠寶、鑽戒去當鋪質借，可依照購買價格減2至3成，手錶類可能減4成左右。而電腦3C產品、手機等，因這類產品生命週期短，用來典當，不要抱太大期望。但無論如何，站在服務的立場，業者還是會估出一個價格給客戶。

典當估價成數

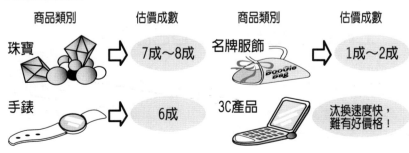

商品類別	估價成數	商品類別	估價成數
珠寶	7成～8成	名牌服飾	1成～2成
手錶	6成	3C產品	汰換速度快，難有好價格！

不同的物品典當，除了估價成數不同外，借款利率也不同，目前行情最好的還是黃金，它的月息大約是1分到3分，汽車約月息4分，手錶則高達5分甚至更多，算一算利息真的不低。

不同典當物，借款利率也不一樣

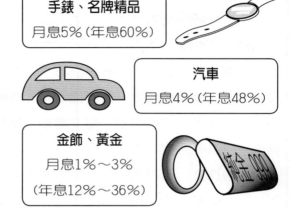

手錶、名牌精品
月息5%（年息60%）

汽車
月息4%（年息48%）

金飾、黃金
月息1%～3%
（年息12%～36%）

此外，當鋪借錢、算利息，也常因人而定。若信用不錯的常客，就會多借一些，利息也較低；但若是一眼被看穿是急需要用錢的客戶，借貸的額度會較硬，沒有議價的空間。

■ 上網拍賣奢侈品，打造自己的黃金屋

當鋪利息並不低，尤其有些民營當鋪更嚇人，所以不想支付高額利息者，乾脆將這些有價值的物品直接賣給當鋪或者跳蚤市場，甚至上網拍賣都可以，以求取現金。

　　只不過可以賣多少，除了看物品的現值外，也要看個人功力，畢竟二手商品販售比較沒有一定的定價，完全取決於你與收購單位的議價能力。因此，若你向來是「敗家一族」每個月都把賺來的錢拿去貢獻給珠寶、金飾、LV、香奈兒等名牌上，或者是收集成癮，愛買古董字畫者，或者追求潮流，常把錢花在換車上面的人，為了籌措頭期款買房子，可得趕緊把家裡值錢的東西清算一下，忍痛犧牲到當鋪、跳蚤市場或拍賣市場週轉，不失為一個為打造黃金屋做準備的好管道。

⭡🔺⭡　　金融機構籌款（一）

存單質借

　　許多人喜歡把錢存定存，如果擔心提前解約換取現金會損失利息，可以考慮兩全其美的解決方式，那就是以存單向銀行辦理質借，迅速取得一筆資金。

■　如何存單質借

　　存單質借是一種方便、貸款利率很低的借錢管道，不管是美元定存或台幣定存都可以辦理借款，辦理方式有二，可以持定存單及印鑑親至銀行填寫定存單質借申請書，也可以撥電話給銀行的服務專員，憑客戶的電話密碼辦理，但此方式必需事前已有書面約定。

　　存單質借額度約為定存金額8至9成，貸款期限最長不得超過原存單上所約定之到期日，利率按存單上面的利率加1.5％或2％，按日息計算，以目前低利環境來看，借款利率約在3％至5％間。

　　存單質借可以避免因定存提前解約帶來的利息損失，且利息計算方式比一般信用貸款還便宜。不過，存單質借比較適合短期性周轉，如果借款天數長或定存時間很短，就得仔細盤算，到底是存單質借好，還是乾脆解約算了。根據規定，定存解約利息得打8折。

　　所以，存單質借的原則是，定存時間愈久、借款天數短、存單利率低，採用存單質借較划算；相反地，定存時間短、借款時間長、存單利率高，定存解約較有利。

定存單借款利息公式

定存單借款利息

= 借款金額 × 借款天數 × (存單利息 + 1.5% or 2%)

【範例說明】

　　王伯伯有一筆50萬元的一年半定存，利率為2.5%，現在想拿存單質借30萬元給兒子當房子自備款，但這筆定存還差半年就到期了，不知是否比定存解約划算？於是他試算了一下：

◎　存單質借需繳付利息

　　假設質借利率為4%，他必須負擔的利息為：

30萬元×4%×（6月/12月）＝6,000元。

◎ 提前解約損失利息

利息打折損失（存款一年）：

50萬元×2.5%×（1－0.8）×1年＝2,500元

解約後少領的利息（半年）：

50萬元×2.5%×（6月/12月）＝6,250元

總計損失為：2,500元＋6,250元＝8,750元

◎ 比較

存單質借所需繳付的利息為6,000元，較定存提前解約損失的利息8,750元少，因此用存單質借較划算！

 思考 定存質借好？還是定存解約好？

存單質借

▷ 定存時間久
▷ 借款天數短
▷ 存單利率低

定存解約

▷ 定存時間短
▷ 借款時間長
▷ 存單利率高

金融機構籌款（二）

房屋抵押貸款

房子是不動產，也可藉由抵押貸款，讓它變成「動產」。

你或許很懷疑：那裡來的房子能讓銀行抵押呢？如果，直系親屬父母或祖父母名下有房子，只要所有權人同意，其直系親屬就可以向銀行提出房貸申請。當然，你是向他們「借」房子抵押，所以每月的貸款必須由你繳。

這一招是在長輩願意幫你籌自備款，卻沒閒錢只有不動產，只要你不擴張信用並確實還錢，以不動產抵押向銀行貸款是可省下很多利息的，而且，現在房貸在借、還方面相當靈活，仔細規畫的話，它會是你理財的好幫手。

■ 一般房貸

如果房屋貸款已經快繳清或者已完全清償，雖然是舊房子了，但貸款利率水準可以享受與一般購屋時的房貸差不多的利率優惠，一般就稱它為第一順位的房貸，而這種房貸利率是房屋抵押借貸中利息最低的，值得好好運用。

■　二胎房貸

　　如果提供做為擔保品的房屋還有一大半貸款未繳清，只要房貸已經繳滿半年或一年以上，無不良繳息記錄者，一樣可以將房子再拿去向原有銀行或另一家銀行抵押借錢，即是所謂的二胎房貸。

　　首先，你要知道承作二胎房貸的銀行債權是排在第一順位房貸的銀行後面，也就是說，如果貸款人繳不出房貸，房子遭到拍賣，拍賣後，錢先還給第一順位銀行，然後才是二胎房貸銀行。

　　因為承作二胎房貸銀行風險比較高，所以利息比第一順位高出許多，有時候幾乎是等同於信用貸款利率，另外還再加計設定費、鑑價費、手續費、代書費等其他費用，貸款利率從年息15％到18％不等，算是相當高的，如果你的信用很好，有時候算一算還不如借信用貸款會比較划算。

二胎房貸利率並不低！

利率3％～5％　　　　　　　　　　利率15％～18％

首次房貸　　二胎房貸　

至於二胎房貸能貸多少？數十萬元到百萬元都有。不過，貸款人若是要求時效，部份銀行還提供免鑑價的服務，但這種免鑑價的二胎房貸，通常講求的是快速簡易，可以貸到的額度通常不高，大概幾十萬元左右。

● 爭取優惠二胎房貸的訣竅

1. 信用良好、再提供其他擔保品：

申貸人的信用紀錄、償還能力、擔保品通常為銀行核貸利率水準與額度多寡的主要標準，只要信用良好、貸款繳息正常、無退票記錄或能再提供其他擔保品，例如股票、債券、定期存單等，與銀行的議價空間就越大。

2. 善用政策性貸款優勢爭取優惠：

如果你的第一順位房貸屬於政策性貸款（如：公教貸款、國宅貸款或勞工住宅貸款等），就可以向銀行爭取低利、高額的貸款條件。因為對銀行而言，承作這類客戶風險相對低，消費者就有優勢可以向銀行大力議價。

3. 向第一順位銀行辦理：

銀行為吸引老客戶繼續貸款，會提供優惠利率鼓勵在原來的

貸款銀行（第一順位）辦理二胎房貸。尤其原本房貸金額就比較少，或房貸已經快繳清，甚至房屋大幅增值的房貸戶，銀行幾乎願意讓客戶享有與原來房貸相同利率的優惠。

■ 理財型房貸

理財型房貸就是房貸戶可以以房子向銀行申請一個隨時動用的信用額度，當你有需要時，再去借出來用，利息以天數來計算。例如向銀行設定300萬元理財型房貸，若動用100萬元房貸，則只需支付借款100萬的利息即可。

理財房貸分為透支額度與活期放款，前者民眾握有整個額度的運用權，以金融卡或轉帳方式即可提領動用，後者則必須先填妥撥款通知書，銀行才會透過借款戶頭將錢動撥至戶頭。

儘管理財型房貸利率會比一般房貸稍高1至2個百分點，但相較於其他融資工具，還算便宜，利率大約3％至5％左右，成本還算低。

金融機構籌款（三）
有價證券

　　想買房子缺現金，但又正值股市多頭，賣股票等於殺了一隻金雞母，若你陷入這種兩難，可以算一算，利用有價證券質押當成房子的頭期款，是否比一般借款方式來得有利。

　　在股市行情不好的時候，銀行比較不喜歡承作股票或基金等有價證券的質借，但遇上景氣有好轉趨勢，銀行則歡迎投資人拿有價證券來借錢了，雖然借款利息不低，一般在8％～9％左右，但因為有價證券是自己的，手續比較簡便，而且有錢就立刻還也不會有什麼違約金的問題，是靈活運用手上資金的好方法。

■ 股票質借

　　股票質押貸款是投資人將名下的股票向銀行辦理貸款，而擔保品就是股票，所以不像一般的信用貸款，還要問東問西、徵信來徵信去，也不會像其他抵押品貸款要等上一、二個星期

的抵押設定時間，所以，手上有股票的人，若需要現金，手續上算是很方便，只要銀行核准後，再憑集保證券存摺向集保公司辦理設質，手續完成後約5～7工作天即撥款下來。

值得注意的是，股票的價格波動比較大，在借款人未還清銀行貸款前，不能任意地處置或變賣股票，而且當股價下跌時，還必須補提擔保品，或者提前償還部分的借款，否則銀行會依雙方事前談好的契約內容，斷頭將股票賣出求償。因此，如果是股市震盪時期，要特別注意斷頭、維持率不足及追繳令的壓力。

股票抵押借款，銀行是如何估價的？

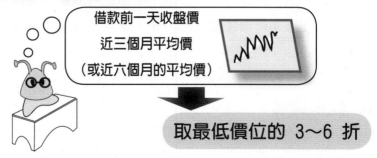

借款前一天收盤價
近三個月平均價
（或近六個月的平均價）

取最低價位的 3～6 折

由於股票價格變化大，銀行願意接受的貸款期間大多不超過1年。至於貸款成數，銀行會根據上市、櫃、未上市不同種類

的股票，以及公司的體質與獲利率進行評估。一般而言，上市櫃公司普遍體質較佳，貸款成數會較高。貸款金額通常按照抵押前一天收盤價與近3個月或6個月的平均價格做比較，以最低價者為基準打折，並根據每家上市、上櫃公司的體質不同，核定貸款成數，成數約市值的3至6成，其中上市電子類股貸款成數多為6成，上櫃電子類股多為5成。

　　如果不知道持有的股票是否有銀行願意承作質押貸款，可以打電話詢問，也可請專業人員為你評估可貸金額，有些銀行甚至在網站上提供股票貸款試算功能。

■ 基金質借

　　共同基金受益憑證也是有價證券的一種，如果你臨時需要錢，卻遇上多頭行情不想提前贖回，或基金還在閉鎖期不能贖回，就可以拿「基金受益憑證」向銀行辦理質借取得融資，當然也可以用轉讓的方式轉售給受讓人，但出讓人需繳交千分之一的證交稅。

　　質借方式與股票一樣，但各銀行間質借成數、價格及利率不一，而且也不是所有銀行均接受基金受益憑證質借之申請。

所以質借之前要多選擇幾家經常往來的銀行詢價比較，因為經常往來的銀行分行會有你的完整信用記錄，爭取較好的利率。

　　不管是單筆或定時定額的基金，都可以拿受益憑證向銀行辦理質借。但一般說來定期定額基金，大部分不會主動寄發受益憑證給你，而是以集中保管的保管單替代。你可以向基金公司提出申請，將過去累積的投資單位數額換發成一張受益憑證，再到銀行辦理質借。換發受益憑證的申請時間約14天，手續辦理完畢當天即可收到質借款項。

基金抵押借款，銀行是如何估價的？

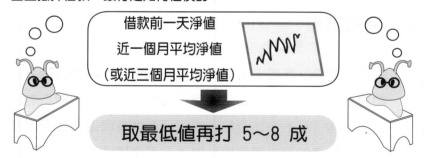

借款前一天淨值
近一個月平均淨值
（或近三個月平均淨值）

取最低值再打 5～8 成

　　基金貸款成數是以基金前一或三個月平均淨值，跟質借前一天淨值進行比較，採取最低者再打5成至8成。跟股票質押一樣，一旦抵押品價格下跌，銀行會通知你增加基金數量，以補

強質押品的價值。貸款利率多數按照各銀行的基本放款利率再加0.75至1個百分點，有些銀行則比照小額信用貸款利率9％～11％，視各銀行而定。放款期間一般為1年，最長5年。

　　如果是國內共同基金，只要有承辦這類業務的金融機構都可以辦理，不一定要向當初申購的銀行申請。如果是海外共同基金，投資人必需累積到一定金額，才能向代銷海外共同基金的銀行借到錢，貸款成數約是投資累積金額的6至8成。

金融機構籌款（四）

汽車抵押

汽車可以拿來向銀行貸款，就好像二胎房貸一樣，不會因將車子當擔保品就沒了代步工具，只是能貸的額度不高。

幾十萬元的小額融資週轉，何不辦理信用貸款?沒錯，所以如果可以信用貸款，還是盡量借小額信貸，因為車子是屬於會跑的動產，銀行風險高，利率也就高了，約12%～18%之間，相對的小額信貸因市場競爭利率反而低許多。所以除非無法申請信用貸款，才考慮車子融資。

■ 原車融資

貸款人將沒貸過款的車輛當成擔保品，只要信用良好、備妥相關證件即可向銀行申請辦理。

車子就跟房子一樣，價格依年份與廠牌有所不同，自然每輛車子的貸款限制也不一樣，通常日系或歐洲車的行情較好，國產或美國車則較難承作。

由於汽車有折舊問題，出廠年份必須在銀行認定的有效範圍內，通常國產五大車廠及部分進口車的車齡與貸款期間加起來不能超過6年，例如車齡4年的汽車，貸款期限只能2年；若是高級進口車，銀行借貸的標準較寬鬆，車齡與貸款期間加起來不能超過10年，例如BENZ、BMW。

貸款額度的判定，銀行會依自己的鑑定價格作為考量，通常以市場公定價格來估算，額度則視車子價值而定，一般可貸出車子的殘餘價值7至9成。

舊車貸款年限

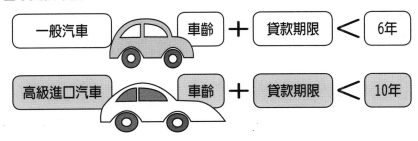

■ 回復額度型車貸

就像理財型房貸一樣，回復額度型車貸強調還多少還可以再借多少。

　　貸款人的車子目前仍有貸款，且已正常繳息滿一年，銀行核准後會撥給一筆和原來汽車貸款額度相同的金額，例如買車時貸款50萬元，兩年內償還20萬元，剩下30萬元的未清償。此時，若需要一筆現金，可向銀行辦理恢復原額度，銀行會再撥款50萬貸款金額給你，扣除原貸款餘額30萬元，就可以多出20萬元的週轉金。

　　申貸人只要備妥相關身分證明文件、車籍資料、車貸繳息紀錄一年等影本資料，即可辦理。至於貸款利率跟原車融資差不多，雖然這種借錢方式利率頗高，但如果跟信貸或卡片貸款相比，還是算便宜的。

車貸回復額度，讓你週轉更靈活！

⌂⌂ 向金融機構籌款（五）
保單質借——死單變活錢

外商公司上班的小朱很想買房子，最近手頭剛好比較緊，又沒有定存款、車子、房子等擔保品，也不想借利息太高的貸款，正傷腦筋時，想起手中有張已繳費10年的養老壽險，保單可借款的現金價值額度約15萬元。所以就拿著保單向保險公司辦理保單質借，除繼續享受保險的保障功能，還將「死單」變成「活錢」，利息也不高，真是一舉數得。

不少上班族工作了好幾年，身上沒有存款，理由是因為怕自己不善理財，所以就買了保險，如果你也是這種保險理財族，缺房子頭期款，就快快把保單拿出來吧，它的優惠借款條件，幾乎比任何貸款都佳。

■ 保單也能輕鬆貸款

為什麼可以拿保單來貸款呢？

因為保戶買保險後，第2年起就會產生保單價值準備金，而

保單價值準備金是保險公司將所收到的保費扣除營業費用及相關成本後，從餘額中提撥的，它的主要目的是防止保戶日後繳不出保費，並在保戶有資金需求時，先讓他們預支使用。

所以，只要你繳足保費1或2年後，已有保單價值準備金累積時，即可拿保險單、要保人身分證、印章、保單借款合約書向保險公司申請貸款。

但並非每種保單都可以貸款，必須有保單價值準備金的終身壽險、儲蓄險、年金險才可以，像意外險、醫療險、定期險等附加性保單，因為多半沒有保單價值準備金，就無法貸款。

你的保單可以用來借錢嗎？

每張保單可以貸出多少錢，完全看保單累積的現金價值而定。通常儲蓄險的貸款額度較終身壽險高；投保的時間愈久、

年保費繳的愈多，其保單價值愈高，貸款額度也愈高。一般貸款額度為保單現金價值或解約金的7至8成，最高還可至9成。

如果不知道自己的保單可以借到多少錢，不妨打電話到投保公司查詢，或者打開自己的保單，看看有沒有「保單價值準備金」，再依保單價值準備金再打個7至9成，大概就是你可以借到的最高金額。

有些壽險公司則在網站上提供簡易的借／還款試算功能，讓你馬上知道貸款額度有多少。

■ 保單貸款要比價，也可以議價

壽險公司的保單貸款利息，依照保單預定利率加減碼方式計算，年息約4％至6.9％不等。不過，各家壽險公司算利息的方式不一樣，手中有多張保單的消費者，一定要比價，選出最划算的利率借款。

此外，雖然有壽險公司打出低利保單貸款，但都只強調第1年或前幾年，因此貸款時要注意一下，免得落入低利迷思。若保單貸款金額在數十萬元，各壽險公司還會保留一些利息議價空間，介於一至兩碼，視保戶議價條件而定。

　　保單質借手續簡單，不需任何開辦手續費，不用擔保品或保人，利率也比其他融資工具低，貸款當天即可拿到支票，再存進戶頭兌現即可，甚至有壽險公司推出ATM提領借款金額，急須用錢的話，十分方便。

　　保單質借一般是採「天」計息，可自行決定還款期限，在資金充裕時，可連本帶利一起還清；也可只還利息，本金先不還；甚至本息都可以不還，只要繼續繳保費，等到日後領回滿期金或身故受益金時再從中扣除。

　　另外，也不用擔心因為把保費「借」出來，你的「保障」也會打折，只要你按時繳保費與利息，保持應有的保單價值準備金額度，讓保單持續有效，要借多久，就可借多久，保戶既沒有還款壓力，權益也不受損。

⇧⬛⇧　向金融機構籌款（六）
小額信用貸款

隨著市場競爭日趨激烈，信用貸款市場已被區隔化，有依年齡、使用時機、或性別的差別而有不同的包裝。

一般而言，個人信用貸款的用途不限，包括購買汽車、修理房屋、籌措子女教育經費、結婚、醫藥費或者其他突發變故等，都有機會申請。

為了籌房屋頭期款，當前面的幾個籌錢方式都想過之後，可把信用貸款的部份列為考慮，因為如果你有些特殊的條件，也能善加利用的話，利率算一算也不差。

■　誰可以貸

信貸，講的自然是「信用」，你可以把它想成銀行要給那些信用很好，但又提不出擔保品的人便利的融資管道，所以，這一類的貸款不需要任何物品當作擔保品，只要沒有不良信用紀錄，工作年資或現職服務滿一定期間以上的人，提供身份證

明、財力或薪資即可向銀行申請貸款。

因為銀行與貸款人雙方講的是「信用」，所以在核貸方面，銀行就會進行徵信並給予評分，看看你的條件最高可以貸多少錢。所以，當我們向銀行提出申貸時，銀行會根據你的信用記錄、薪資所得、年齡、職業、償債能力等個人資料，進行信用評分，如果分數及格，才可能申請到貸款，並依評等分數高低來決定貸款金額的多寡。

當然，條件愈好，銀行的評分愈高，貸到的利率與額度都會比較好。例如工作愈穩定、年紀25到35歲、沒有任何貸款負擔的上班族，愈容易申請到貸款。

■ 貸款額度、撥款、還款方式

小額貸款額度約為10萬元到100萬元，每家銀行規定有所不同，但原則上，小額信貸的限定貸款金額不能超過年收入的1/2，或是每月還款金額不超過月收入的1/3，有的則以客戶每月結餘多寡來推算貸款的金額。

小額信貸通常採取一次撥貸，也可以選擇隨借隨還的循環動用。撥款方式快則2、3天，慢則不會超過兩個禮拜。

可以貸款的最高額度是多少？

以月收入5萬/月，年終獎金2個月，申請貸款3年為例

（現金卡額度10萬、卡費3萬，車貸待償15萬。）

年收入核貸標準	月收入核貸標準
年收入× 1/2 以內	月收入× 1/3 以內
5萬×14個月×1/2×3年	5萬×1/3×12個月×3年
＝105萬	＝60萬

每一家銀行所採的標準都不一樣，有的銀行會配合貸款人的條件增加或減少。

如果你有其他貸款，包括你未繳的信用卡費用、現金卡的額度（即使你沒有動用），銀行通常會把它們先扣掉或當成參考打個折扣，再給你貸款額度。

① 採年收入核貸標準可貸的最高額度→105萬

② 現金卡額度是→10萬

③ 未清還的信用卡費是→3萬

④ 汽車貸款未償還→15萬

可貸款的參考額度：①－②－③－④＝77萬

採一次撥貸型，可選擇循環動用或者本息平均攤還。貸款可分1至7年還款。要注意，有些銀行會規定如在一年內提早還款，會收取違約金（約是一個月的月付款）。

採隨借隨還，也就是不動用不計息方式，它就屬於循環計息型，利率會比較高，但有靈活運用資金的機會。假設你購買預售屋，為了怕初期的工程款一筆一筆的付出薪資可能應付不及，但如果向銀行大筆貸款，立刻就得付高額的利息，就可以選用隨借隨還型。

■ 信貸利率，仔細算一算

如果你觀察過市面的信貸產品，一定會發現每一家銀行所推出的「優惠方案」五花八門，有些標榜低利貸款，有的前幾個月免息，簡直讓人不知如何著手選擇。一般信貸利率是在10％～14％，銀行打出「超低」的口號，多數是廣告話術，不過不用擔心看不懂箇中玄機，只要你先看懂目前信貸利率的算法，再配合以下兩個注意事項，搞懂銀行利率把戲並非難事。

信用貸款三種常見的計息方式

0利率

0.0%	0.0%	0.0%	6.8%	10%以上	≈	10%以上
第一期	第二期	第三期	第四期	第五期	………	第末期

標榜前幾個月零利率，之後利率分階段調整，例如前三期零利率、第四期6.8%起

2段式

6.8%	≈	6.8%	11.5%	11.5%	≈	11.5%
第一期	………	第六期	第七期	第八期	………	第末期

標榜前幾期低利率，之後利率調整幅度不會過高，例如前六個月6.8%，之後調整為11.5%

超低單一利率

3.0%	3.0%	3.0%	3.0%	3.0%	≈	3.0%
第一期	第二期	第三期	第四期	第五期	………	第末期

若是很低很低例如只有3%，主要以軍公教人員、專業人士等優質客戶為主。

◎　第一點：是否還要收取其他額外費用

多數的低利貸款，銀行會再加收一些附加費用，例如開辦費、手續費、帳戶管理費、信用保險費、徵信費等等，各家銀行名目不一樣。

如果要額外負擔此類的費用，必須將這些費用納入貸款利率的計算，轉換成實質利率後，才知道是不是比較划算。

◎　第二點：享低利並非人人有獎

縱然銀行可以提供非常低的利率，甚到低到3％，跟有擔保品的房貸差不多，但也不見得人人都能享有這種低利。

銀行的小額信貸，每個客戶所適用的利率水準不一樣，跟你的職業、信用狀況、與銀行往來情形絕對有直接的關係。

通常能享有低利的族群，是有條件限制的，例如軍公教人員、專業人士、任職於上市或上櫃公司、公司排名前幾大企業、薪資轉帳戶等。

一般普通的公司員工，想要借這類型低利貸款，如果沒有夠力的人士當擔保（譬如，上市上櫃公司老闆、跟銀行熟識的有錢人……），那要怎麼辦呢？

首先，設法提出多種收入憑證，最有力的證據就是年底的

扣繳憑單。倘若你是soho族或是正職之外另有兼職工作，就要保留收入憑證，當你想借高額度、爭取低利率時，就要拿這些東西跟銀行爭取。其次，多提供擔保品或保人，可以將利率降至5%～8%！

■ 善用身份取得優惠的信用貸款

一般上班族辦理信用貸款在出手之前，要先找找看自己有沒有具備優惠利率的身份，因為利率與可貸額度是可以相差很多的，最簡易可行的方式就是找2～4個人幫你作保，利息幾乎可以省掉一半，若是你的借款目的是消費，當然就很難向親友開得了口，但若是購屋，至親好友幫的機會就很高了，可千萬別跟錢過不去！

● 結婚貸款

結婚貸款不一定非得把這筆錢用在結婚事宜上，因為銀行不限定貸款戶這筆錢的用途，通常在結婚後六個月、甚至一年內，銀行都接受結婚貸款申請，只要夫妻雙方有一人有固定收入，且信用狀況良好，銀行多半會予以核貸，額外附上喜帖結

婚證書或是婚紗攝影、喜餅收據等，經過簡單的收入評估後，即能借到，約1個星期左右就能拿到貸款了。

結婚貸款多採夫妻互保方式辦理，免保信用保險，由於申貸者必須具備即將或是已經訂婚、結婚的條件，因此銀行提供的優惠比一般小額信貸來得多，貸款利率約比小額信貸低了2至3個百分點，目前市場上的水準，利率約8.99%到12.8%之間。

如果你平常有與固定銀行往來，利率還有議價空間，貸款額度最高約60萬元到100萬元，不像一般小額信貸額度多限制為年收入的一半左右，若想要貸多點，也可以夫妻兩人的名義一起申貸，貸款額度就用兩人月收入來計算。貸款期限為1至7年，每月還款金額大都不超過月收入的1/3。

● 團體消費性貸款

大多需兩人或三人互保，因為有保證人，可以和銀行爭取降息的空間，利息及還款年限上也較寬鬆，算是省點利息、減輕負擔的好方法，不過得找信得過的同事來互保才行。

如何辦理呢？有兩種方式：一是公教機關、公司、團體或職工福利委員會向銀行提出申請；二是銀行派員至公司協助辦理貸款相關事宜，非常方便，貸款程序也相當簡單，不需信用

評分，只要檢附借款人身份證、扣繳憑單、在職證明或薪資收入證明，由申請人2至4人互相聯保，借款人互負連帶借款全部清償責任，之後再由服務單位彙總具函檢附消費性借款契約書及借款人名冊正本各二份送銀行辦理。

目前團體消費性貸款利率約在5％至8％之間，多數不收保險費，但有的會收開辦費。貸款金額以薪資1/3推算，通常貸款金額約60萬至120萬元間，有的甚至高達200萬元。貸款期限最長5至7年，每月攤還本息，由銀行按月代扣借款本息。

值得注意的是，如果員工已經有在其他銀行辦理過消費性貸款（房貸等擔保貸款除外），銀行核貸金額時，會納入考量。例如，小美已在甲銀行辦理30萬元的消費性貸款，如再參加乙銀行提供的團體消費性貸款，若乙銀行的最高貸款金額為80萬元，那麼小美最高只能再貸款50萬元。

此外，如果員工在貸款期限之前離職或調到不同性質的單位，該項團體員工消費性貸款將會被取消，員工必須償還尚未還清的貸款餘額。不過，員工仍有與銀行協商的空間，可以先與銀行溝通，再送由總行核定，以決定是否收回該項優惠性貸款。一般來說，如果員工離職後仍有工作，以往跟銀行往來、繳款信用記錄均良好，銀行會繼續承作並不會收回。

● 公教人員、專業人士貸款

有些銀行為吸引客戶喊出超低利率，但這對多數一般小型公司行號員工而言，是「看得到、吃不到」。只有政府機關、公營機構、大型企業員工、年資高、收入高、主管職的人，才借到超低利貸款，有的公營行庫還可降到3％。主要是因為這類的借款人，銀行視為優質客戶，要不就是收入穩定，要不就是高薪，銀行認定他們比較有還款能力，不容易有呆帳產生，願意提供低利率給他們。

● 薪轉戶貸款

薪資轉帳戶一向是銀行兵家必爭之地，一來客戶收入來源固定，借錢不怕跑掉，二來可以分析客戶每月薪資進出資料，做為消費性貸款業務拓展之參考。

因此如果你是薪轉戶，直接向該銀行辦理貸款，通常會比其他銀行優惠，另外，不管是買基金、買保險、租保管箱、結匯外幣、辦車險、辦房貸都有減碼上的優惠折扣，薪轉戶可別忘了要向銀行討價還價，爭取自己的福利。

薪轉戶的貸款額度約30至80萬元，利率水準約3.99％至11％，各家的利息差距很大，有些銀行雖然免擔保品、免保人，

但會視貸款金額與客戶信用程度，收取1,000到3,000元不等的手續費或開辦費，有些銀行則對於申貸一定金額以上者，需要保證人。

同樣地，如果你是軍公教人員、績優企業員工或收入高的專業人士，向銀行討價還價的空間就愈大，因為薪資轉帳戶是賣方市場，大公司手上擁有較多籌碼，公司名氣愈大、業績表現愈好、員工人數愈多，自然可以爭取到更大的議價空間。

如果員工中途離職，薪資轉帳戶會自動失效，之前銀行允諾的貸款利率的優惠，也會跟著取消，一般而言，當薪資轉帳戶失效時，銀行也會將之前給的優惠利率，調升回一般水準。

一樣是信用貸款"用對身份"也能省不少錢！

以5年貸30萬為例：

一般信用貸款利率 10%～14% (以13%為例)	結婚貸款利率 8.99%～12.8% (以10%為例)	團體消費性貸款利率 5%～8% (以7%為例)	公教、專業人士貸款利率 3%以上 (以4%為例)	薪轉戶貸款利率 3.99%～11% (以8%為例)
⇩	⇩	⇩	⇩	⇩
利息99,130元	利息76,250元	利息53,380元	利息30,500元	利息61,000元
	⇩	⇩	⇩	⇩
	省下22,880元	省下45,750元	省下68,630元	省下38,130元

金融機構籌款（七）
卡片借貸

利用卡片借款購屋，那實在是一百個不恰當！

只要是「卡片借款」，不管是任何形式（現金卡、信用卡、信用卡貸款），都幾乎可以與民間的「高利貸吸血鬼」畫上等號！

或許你會覺得，沒有那麼嚴重吧！信貸利率14％，信用卡利率不過是16％～20％，中間也不過是差個2％～6％而已。

你應該聽過「循環利率」的大名吧！

一般貸款跟各種卡片借錢最大的不同就在一個有循環，一個不循環，卡片借錢循環利息有點小複雜，一般人實在懶得搞懂它，簡單來說，它是以「日」計息，繳費截止日前未繳清所有借款，就會動用到循環利息，把舊帳的錢全部算一遍利息；下個月的繳費截止日若還是沒有繳清，就再把舊的你所欠的本利再算一次利息。

從下面的例子中，你就知道它有多麼恐怖：

【範例說明】

　　某銀行每月結單日為25號,利息起算日為26號,繳款截止日為隔月13號,環利息是19.97%。MARY六月份消費15萬,但只繳9萬,尚欠6萬元卡費,收到帳單後她看到利息「只有」1,821元,但經過仔細計算,相當於年利率36%,超級恐怖的吧!

> ◯ **MARY的帳單如下:**
>
> 6月應繳金額為NT$150,000。
>
> 7月13日MAY先繳款NT$90,000,餘款NT$60,000 以循環信用支付

利息計算公式:

利息＝日息×計息天數×計息基準

日息＝年利率 / 一年天數＝19.97% / 365＝0.0547%

> ◯ **MARY 7月份月結單的利息計算為:**
>
> | 計算期間 | 天數 | 計算基準
(NT$) | 利息
(NT$) |
> |---|---|---|---|
> | 6/26～7/26 | 30 | 60,000 | 985 |
> | 6/26～7/13 | 17 | 90,000 | 837 |
>
> 七月份月循環信用利息總額:NT$1,821
> 換算成年息為36%(1,821x12/60,000)

年利率36％究竟有多好用？

年度	本利和
第1年	60,000
第2年	81,600
第3年	110,976
第4年	150,927
第5年	205,261
第6年	279,155
第7年	379,651
第8年	516,326
第9年	702,203
第10年	954,996
第11年	1,298,794
第12年	1,766,360
第13年	2,402,250
第14年	3,267,060
第15年	4,443,201
第16年	6,042,753
第17年	8,218,145
第18年	11,176,677
第19年	15,200,280
第20年	20,672,381

假設MARY是拿6萬元投資在年報酬36％的理財工具上，每年複利一次，這樣持續20年，原來的6萬元，將變成：2仟多萬！

本例為什麼特別舉「20年」當例子呢？

因為如果你想利用卡片借款購屋的話，不是不可以，而是你要有十足的把握，可以短期內資金周轉正常，否則，高額的借貸外加20年卡費循環下來，跟你進了「第8號當鋪」把靈魂、五官都當了，實在沒有什麼差別。

■ 信用卡預借現金

信用卡預借現金的確能夠發揮極度「救急」功能，只要你預先跟銀行申請預借現金密碼，平常繳息正常，透過ATM、臨櫃和電話語音轉帳三種管道就能借到錢。

　　由於預借現金是將信用額度變現，選擇卡片很重要，因為卡片等級關乎著你可借多少錢，以額度最高、等級最高的卡片為最佳首選，例如白金卡預借金額較多，就比金卡、普卡來得理想，而普卡額度原本就低，若再扣掉使用的循環信用金額，預借金額將更低，只能作為小額應急之用。

● 降低循環利息法

　　萬一利用信用卡借款期限拉長，勢必動用到循環利息，雖然儘量不要用這種方式借款，但萬不得已時，也要讓自己多佔點「便宜」，以降低自己的利息壓力：

A.選擇循環利息低、計息方式最優惠的信用卡：

　　繳款截止日是最優惠的起息方式，銀行結帳日次之，最不利的就是銀行墊款日。然後利用手上不只一張卡做靈活的資金運用，每張卡的結帳日至繳款日的區間，是最適合刷卡的時間，因為它可以讓你延後繳款約一個半月。

B.選擇低利率代償：

　　以低利代償來借低還高，起碼可以節省下三成利息支出，就是所謂的信用卡餘額代償，是指某家銀行經過審核後，願意幫持卡人先償還積欠另一家銀行的款項，並提供的代償優惠利

率，節省你的利息支出，同時該銀行也會再發給持卡人一張該行的信用卡。

　　現行代償利率方案，雖然享有較低利率，卻仍有其限制，還會附加手續費和其他成本。況且實際的低利率並非固定不變，一般都有優惠期限，大多「前低後高」，也就是前面的利率水準越低，維持的時間越短，代償手續費越貴。

　　雖然有部分銀行喊出「代償零利率」，但一樣有期間限制，且會加收手續費，因此實質利率約在10％－13％左右。此外，儘管代償利率很優惠，但若無法在優惠期限內還清，一旦過了期限，剩餘未清償的金額會以該信用卡的循環利率來計息，屆時，免不了又再度墮入高卡債之中，故以目前代償專案優惠利率期限最多2年來看，代償額度最好在20萬元以下、每月本金與利息總和約在1萬元以下，對持卡人負擔較小。

■ 信用卡貸款

　　信用卡貸款其實就是結合信用卡與小額信貸的產品。

　　申請文件包括銀行存摺影本或信用卡月結單等，免保人、免擔保品，可透過傳真或臨櫃等方式申請，核准率高，且核貸

速度很快，通常兩、三工作天後，金額即會直接撥入指定帳戶，額度約10至20萬元間。

　　如果你持有某些銀行的信用卡，只要持有信用卡達到一定年限、平時按時繳款，累積到足夠的信用後，不妨詢問一下發卡銀行是否可提供客戶手續簡便的信用卡貸款，利息會較一般消費信貸高，但比一般信用卡的循環利息低，約15％左右。

> ◯ **長期（超過一年以上）使用資金，利用信用卡貸款，比信用卡預借現金有利太多了。**
> 🏃 **信用卡預借現金循環：年利率30％以上。**
> 🏃 **信用卡貸款：年利率15％左右。**

■ 現金卡

　　近一、兩年來，市場上最火的卡要算是現金卡，可以快速獲得周轉現金，介於信用卡與小額信貸之間，可以看成是一張具有透支額度的金融卡。申請時不但免信用保險或保人，通常核貸作業於1日內就可完成，最快可在30分鐘內借到錢。在額度範圍內，用多少借多少，如同金融卡，可在ATM自由提款，且可

以隨時還錢，節省利息、彈性調度手上可用資金，亦能免去信用卡預借現金與刷卡額度重疊計算的問題。

目前現金卡利率約16％～18.25％，但因現金卡競爭激烈，各銀行現金卡打著各式各樣的優惠利率，不是第1個月零利率，不然就是前3個月超低利率，但這些都是玩數字遊戲。

目前現金卡採固定利率，以日計息，一提款就開始按天計息。此外，多數現金卡要收取動用手續費或帳戶管理費，可別小看這些費用，一旦加入這些費用之後，實質利率至少都在16％以上，有的年息甚至跟信用卡相差無幾，並不是表面上看來的低利率。

現金卡也是一樣可以救急，借款的前三個月大都提供較低的利率，想要享受現金卡免息期減少利息支出者，若能善用現金卡提供「前X個月免息」優惠，且有把握在免息期間內有一筆現金收入清償借款，那麼只需負擔100 元的動用手續費，的確比一般小額信貸划算。但若是較長期的負債，因為在現金卡「免息期間」過後，利率會回到18％至20％的高水準，建議還是申請小額信用貸款比較划算。

⇧⬆⇧　各種借錢方法比一比

金融、非金融機構哪個好？

這麼多的借款管道，到底哪一種好呢？

第一步是把不一樣的利息算法（年利率、月利率、日利率、循環利率）先統一後再進行比較。

通常，銀行都用年利率計息，民間借貸則用月利率來計算的，如果你在路上拿到一些「融資公司」的小傳單或者報紙分類廣告，常會看到每萬元月息300元、400元的廣告用語，單看金額，一個月幾百元的利息，感覺還好，但仔細算一下，借1萬元月息400元，一年就是4,800元，年利率高達48％，幾乎是銀行信用貸款利率的3、4倍，利息非常驚人。

總之，要借自備款最好是秉持「付得少、借得高」原則，才是上上策。以下提供「四找、二不碰」借錢原則供你參考：

 原則① 找免付利息的

借自備款應該先以自己可以無息取得的資金為主，例如向

親戚、好友商借，如果他們手頭上方便，說不定可以取得不用利息的優惠，或者將身邊一些有價資產合理的變賣求現。

原則② 找利息管道低的

千萬不要小看利率這檔子事情，時間愈長，利息差距會愈大。如果可以最低的利率向銀行借錢，就要盡量使用，莫貪一時之便，使用高利息的借貸方式。所以省錢絕招，就是要不怕麻煩。

基本上，銀行會按貸款性質的風險程度，決定貸款利息多寡，所以擔保品貸款優於無擔保品貸款；有保證人的優於無保證人的貸款；一次撥貸的優於循環貸款。

提供保證人或擔保品的貸款好處很多，一來貸款的額度較高，二來節省下來的利息很可觀，有時利差可高達15％以上，這可是可觀的數字：借10萬元，1年可省下1萬5千元，如果借50萬元、5年，則能省下37萬5千元，都可以買一輛車了。

不需要擔保品或保證人，如現金卡，信用卡預借現金等這類標榜核貸速度快的商品，和提供房屋、存單等擔保品相比，因為風險大，貸款利率自然越高，可貸款額度也比較低。

此外，找銀行信得過的保證人擔保，如有不動產證明的保證人或職業屬軍人、公、教職，會有較好的談判條件；或者主動找抵押品，包括房屋、股票、債券、基金憑證、定存單等，也能爭取優惠利率。

因此，根據利率由低至高，建議貸款順序為：

房屋擔保貸款→存單質借→保單質借→理財型房貸→有擔保信用貸款或專案貸款（如團體消費性貸款、軍公教或專業人士貸款、薪轉戶貸款）→有價證券質借→一般小額信貸→二胎房貸或中古車融資→信用卡貸款→現金卡或信用卡預借現金。

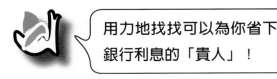

用力地找找可以為你省下銀行利息的「貴人」！

 原則③ 找到自己要的額度

房子的自備款不低，若銀行能給予的額度大，做起事來也方便的多。

一般而言，信用卡預借現金額度不高，只適合臨時急需小

113

額現金的突發狀況；小額信貸可借額度則要看借款人的薪資水準，一般為不超過年收入的1/2，或是每月還款金額不超過月收入的1/3；房貸、存單質借、股票質借、車貸等有擔保抵押的貸款，就會看抵押品的價值如何；保單質借是所有短期融資管道中可貸額度最高的，可達百萬元，但還是得看借款人手中保單的價值，才能決定你能借多少錢。

原則④ 找多家銀行產品比較看看

　　同樣性質的貸款商品，各銀行提供的利率有時也會差距很大，通常老行庫的資金成本較低，貸款利率會比其他銀行來得低，但審核條件也會比較嚴格。如果你平常有固定往來的銀行，銀行為留住你這位好客戶，絕對有議價的空間。因此，跟常往來的銀行貸款，會比不常往來的銀行來得好。

　　有時候同一家銀行，同樣的貸款專案，不一樣的貸款對象利差可以差到6％以上，因為適用最低利率的往往是一些特殊人士，如果你符合資格，如薪轉戶、團體消費性貸款或軍公教人員、優良企業、專業人士等，一定要善用專案貸款，可以找有提供此種專案的銀行辦理，大聲開口殺價，如果能夠配合再提

供擔保品或者保證人那更好，可以爭取到更好的利率優惠。

此外，光從借款利率高低來選擇是不行的，尤其有些銀行的貸款產品利息計算方式很複雜，本息一滾再滾，可能幾個月就翻一次本，例如有些貸款雖標榜第1年超低利率，但第2年起的利息卻高得嚇人，所以應了解各年度的利率調整情形。

銀行

找對「好銀行」可以為你省下可觀的銀行利息。

原則⑤ 不碰高利息管道

千萬不要為了買房子，去借高利貸，尤其向地下錢莊打交道的後果，絕非你所想像得到的，要知道高利的錢，只能應急、千萬不要用來救窮。此外，信用卡預借現金、信用卡貸款、現金卡雖然也是便利性高，但利息也不低，不適合做為自備款的籌資管道，如果是短期的周轉，還可以考慮，例如打算租房子，一時拿不出二個月的押金與第一個月的租金，信用卡預借現金或現金卡就是可以靈活運用的工具。

如果短期無法清償借款者，例如一年之內無法還清這筆錢者，千萬少碰這種高利息借錢管道，否則會不斷累積高利息，相當可怕。還是以小額信貸或其他有擔保品的貸款比較划算。

原則⑥ 留心高附加費用

銀行雖然打出前X期0利率或免繳本息口號，但銀行是不會作賠本生意，通常強調低利率的貸款，還會另加其他費用。名目如：開辦費、單次動用手續費，帳戶管理費、徵信費，有些銀行則有提前償還違約金條款，提前還款將收取貸款餘額的1%或加收一個月利息做為違約金，不管是哪一種，都算是利息以外的附加費用，借錢時要問清楚，把這些費用涵蓋進去，才能換算實際上所要付出的利率。

如果仍然搞不清楚，最直接了當的方法，就是請銀行行員幫你算出這項產品的真正成本吧！

總之，在消費金融競爭激烈的時代，唯有靠你自己多比較，才能洞悉其中之奧秘與箇中技巧，再輔以自己的需要、財務能力來組合，選擇合適的借貸管道，才能輕鬆借錢買房子。

⌂◆⌂　籌款防身術

小心詐騙與增加貸款成功率

　　台灣金融市場產品多樣且活潑，透過經驗學習，可以少走很多冤枉路，也比較容易貸款成功。

　　以下來看看常見的借款注意事項：

■　消除銀行「分散借款、集中使用」疑慮

　　銀行決定要不要借錢給你，會先針對貸款申請人的條件加以信用評分，主要包括職業狀況、婚姻狀況、教育程度、居住類型及貸款情形等。因此，當你送出貸款申請表後，銀行會針對個人貸款需求與個人資料，立即透過財團法人金融聯合徵信中心的電腦資料庫，查詢你以往的信用記錄，包括信用卡持卡繳費記錄、個人與金融機構借款往來記錄、個人票據使用情形等，都會被完整紀錄下來。

　　而且，當銀行查詢你個人信用記錄時，查詢時間及銀行名稱也會完整記載於該資料庫中，所以如果同時向多家銀行提出

貸款申請，銀行之間都會知道，這樣反而容易讓他們對你有不好的印象，認為你有短期信用快速擴張的疑慮？進而懷疑你的信用是否有瑕疵或遭其他銀行拒貸？如此會大大減低銀行承做貸款的意願。

基本上，近3個月內被查詢過3次紀錄者，銀行是不予承作或是在評分表上扣很多分數，所以申請貸款時，最好不要一次同時向多家銀行申請，使得銀行產生「分散借款、集中使用」的疑慮，而婉拒你的申請，最終可能一家也貸不到。應該先比較過後，選擇一家服務好、信得過的來辦理。

■ 向合法機構貸款

現在歹徒利用小廣告或者手機簡訊刊登辦理貸款的詐財手段推陳出新，因此辦理銀行貸款，要懂得判斷自己打交道的到底是不是正規銀行，通常正規的銀行會要求借款人持身份證明親自辦理，且不會向借款人預收利息等其他費用，民眾如有需要借款，最好直接向銀行電話查詢或赴銀行營業處辦理，避免受騙上當。

PART 4

●●●

選擇對自己實用的房貸

現在的房貸產品選擇性很多，

就看你的財務需求是什麼：

是省利呢？還是周轉方便？

是要輕輕鬆鬆繳的？還是可以早早還掉的？

對購屋0存族而言，房貸相對重要，

因為這是壓力鬆綁很關鍵的一步。

⌂△●△　選對房貸，壓力鬆綁
不同理財需求，選擇不同房貸

　　買房子的目的主要是為了安居樂業，但許多人常被每個月的房貸利息壓得喘不過氣來。這個原因除了買了太貴的房子之外，很大的問題是貸款償還方式與自己不適合。

　　觀念比較傳統的人會如此算計：我向銀行貸了300萬，每月還15,000元，其中10,000元都在付利息，只還5,000元本金！如果早早把本金還掉，利息就相對減少……這聽起來十分合邏輯，但房貸戶往往忽略到生活費是那麼的高，當他們必需買輛新車或出國遊個學或者其他大筆消費時，就得再次貸款來償付這些帳單了。別忘記，消費性貸款永遠比房貸來得高！

■　扣除生活費後的 50％ ／ 50％ 房貸建議

　　對0存族而言，不妨思考一個方式，讓總收入扣除生活費後再按50％/50％分配手中的資金，也就是一半用在付貸款一半用在投資與儲蓄，如此，房屋也買了，理財靈活度也增加很多。

　　理財靈活度增加就表示風險增加，這是相對的，到頭來還是要看自己的財務狀況而定，幸運的是，現在銀行的房貸多樣化，老銀行、新銀行、外商銀行各有各的產品特色，花點時間研究就不難找到跟自己最速配的房貸了。

　　房貸戶的利息負擔由本金多寡、利率高低、貸款年期長短三種因素來決定。借貸前應多比較幾家、多詢問房貸商品繳款方式差異，否則往後若覺得不合適想要房貸搬家的話，還要付一筆轉貸費用，徒增日後困擾。

　　省息雖然是房貸戶最關心的焦點，但考慮整體資金運用，應該把利率計算、繳息方式、資金運用等一併考慮再作決定。

低利 ≠ 便宜

房貸利率六種計算方式

　　為了吸引更多的客戶，銀行不斷推出多樣化的房貸利率計算方式，有傳統型、指數型、固定利率型，甚至還有變種型利率房貸，光是看這些名稱就已看得一頭霧水，到底該搭配哪一種房貸對自己才有利呢？聰明的你，節省利息就從認清利率計算方式開始吧！

類型① 傳統型房貸

　　早期的房貸多屬此類，放款利率的基礎就是各家銀行的基本放款利率，然後再依照個別貸款戶條件加減碼。對於貸款利率調整的決定權是在各家銀行手裡，客戶是沒有主導權的，只能等銀行願意調降基放利率。此外，基本放款利率調降的速度很緩慢，即使調整了，調整的幅度也很有限，所以貸款利率得等很久才調降。

　　由於客戶沒辦法知道利率何時會調整？幅度有多大？加上

僵固的放款利率，當市場利率走低時，房貸利率難以反映市場水準，對貸款戶比較不利。

傳統型房貸，銀行獨斷主導房貸利率

拜託！拜託！
利息少收點，可以嗎？

等著吧！
等銀行基放利率調低了，我再考慮考慮～

類型② 階梯型房貸

階梯型房貸算是傳統型房貸的變種商品，主要採取「前低後高」的利率計算方式，第一年的利率訂得比較低，第二、三年的利率就調高一些，從第四年開始，就跟著銀行的基本放款利率的變動來調整。例如，房貸戶在前幾年可享受3％的低利率，但過了優惠期限之後，利率水準隨著基放利率浮動。這種房貸好處是可以降低初購屋時，資金緊縮的困擾。

要享受這種低利率，一般在優惠期間不得提前全部清償，若要全部清償，需繳納違約金。

　　由於房貸年限通常是20～30年，第一年利率低，並不代表長期下來真的划算，如果要精算利率是否真的划算，要以貸款期間的平均利率計算，加碼幅度愈低，才是對自己最有利。

　　階梯型房貸跟傳統型一樣，客戶還是一樣無法掌握房貸利率何時調整及調整幅度多大的問題。不過，如果你購屋前幾年手頭比較緊，但預計幾年之後就有能力可以償還貸款的話，此類房貸還算是不錯的選擇。

前低後高的房貸方式，讓0存族初期減低購屋壓力。

階梯型　3.0%　3.5%　3.5%　基放利率加減碼　基放利率加減碼
　　　　第一年　第二年　第三年　第四年　　　　　五年後

類型③ 固定型房貸

　　對房貸戶來說，最不必花費心思的就是固定型房貸。因為，固定型房貸利息採用固定不變的利率來計算，在與銀行約定的償還期限內，不論市場利率如何變化，利率都不會跟著變動，所以房貸戶每月支付的金額也是固定的。

　　固定型房貸可以降低利率變化的風險，較有利於個人理財規劃，如果你獲得房屋貸款時的固定利率很低，這就是最好的一種貸款。

　　不過，因為銀行也沒有辦法掌握長期的利率走勢，所以銀行通常只限貸款頭幾年採固定房貸利率，到期之後，再依照當時的市場利率水準選擇固定型或機動型房貸。

房貸利率轉換方式

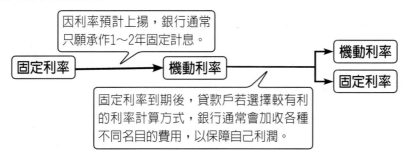

　　最近市場上普遍預估利率將上漲，越來越多人詢問固定利率型房貸，希望鎖定未來利率反轉向上的風險。因此，如果你認為未來利率上揚的可能性高，且屬於固定收入的族群，希望能將每月房貸支出金額固定，以便進行家庭理財規劃，那就可以考慮固定利率型房貸。

　　但也因利率「漲」聲不斷，現在有不少銀行已悄悄把房貸前幾年的「固定」低利改為機動計息，以往房貸計息可以採前兩年固定、第三年才恢復機動計息，現在大多只能固定一年。因此，儘管銀行依舊標榜「低利」的伎倆，但固定年限縮短了，固定期後就要隨市場利率變動計息，屆時民眾很可能「看得到吃不到」。

利率選擇是銀行與貸款戶的拉鉅戰

利率看漲，
我要長期間的固定利率！

銀行

利率

貸款戶

利率看漲，
我要短期間的固定利率！

類型④ 保障型房貸

　　保障型房貸是固定型房貸的變種，顧名思義就是幫房貸買個保險，也就是說，房貸戶付一定比例的貸款金額當成權利金，以保證幾年內房貸利率不超過某一個水準，如果超過由銀行

吸收；如果利率下跌，還有機會跟著市場利率走低而降息。這種好處是貸款戶不必擔心利率狂升，負擔加重；利率下跌時，又感嘆自己是住在「高級套房」。

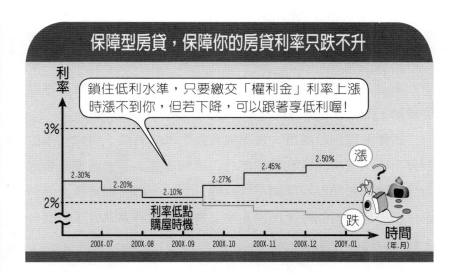

以貸款300萬、選用玉山銀行CAP保障型房貸為例，雖需多繳一筆1.5萬元的權利金（300萬×0.5%），但貸款期間同樣可享受利率走低的好處，不必忙著轉貸，就算市場利率上揚，前5年最多也只要負擔3.98%的利率，不會「無限上綱」，對控制家庭預算很有幫助。

類型⑤ 指數型房貸

　　指數型房貸利率較能夠貼近市場水準，也就是銀行可以自己選擇訂定利率所依據的基礎，而不是非得根據基本放款利率不可，例如銀行根據特定天期定存（儲）利率平均值，或是貨幣市場短天期票券利率平均值為計息基礎。由於各家銀行的房貸利率計算標準是依照公開的資訊，所以，只要知道計算基礎的變動，就可以了解房貸利率是多少，達到資訊透明化。

　　這種房貸的好處是，當市場利率下降的時候，房貸利率也跟著下降，使得房貸利率更符合市場的水準。不過選擇此類房貸，相對的要承受利率調漲的風險。利率下降時對貸款人最有利；但一旦景氣回升，市場利率上揚，房貸利率就會跟著調升，利息負擔自然水漲船高。

　　長期來看，市場降息機會微乎其微。因此，如果你要在這個時候選擇指數型房貸，必須注意利率調升時的風險，因為它的計算方式是「指數利率＋加碼幅度」，一旦市場利率反轉走高，指數型房貸的利率也會隨之節節上揚，而且利率是每三個月調漲一次。所以，選擇指數型房貸，不能只看第一年房貸利率，還要比較第二年以後的利率條件，並估算未來一旦利率走

高時，每月應繳房貸金額是否負擔得起。

指數型房貸最優的地方就是透明化

傳統
各銀行的貸款
計價標準。

黑箱型　　　　透明型

指數
定存利率
票券利率

類型⑥　自由配房貸

　　自由配房貸把利率定價的彈性，開放讓房貸戶自己作主。也就是，前幾年房貸固定，一段時間後，就轉為要消費者選擇維持固定或改採彈性利率計價，有利於具風險觀念消費者的新選擇。

　　利率走高時，適用固定利率額度，享有鎖定低利率優惠，若利率走低時，機動利率額度又可因市場利率降低，房貸利息跟著降低。因此選擇這種房貸的好處是讓消費者同一筆房貸中，既有機會將利率鎖在低檔，又有部分房貸可享受降息、利息負擔減輕的好處。

但此種房貸，民眾對於固定跟機動各要「配」多少，可能還是有困擾。假設額度拆成一半機動計息，一半固定計息，雖然規避了一半的風險，但也表示還要承擔另一半的利率風險。

利率怎麼配自己決定

方案一	方案二	方案三
▽	▽	▽
機動1/2	機動1/3	機動1/4
固定1/2	固定2/3	固定3/4

■ 留心利率升降風險

目前市場上有不少打著超低利率的房貸廣告，但要留心這種低利優惠的期間長短。以下兩種方案，乍看之下B案優惠很多，但若貸款後第二年隨即調高1%，反而是A案有利。

A方案是前兩年固定計息2.7%。

B方案是首年2.3%、第二年起機動計息。

如果現在國內升息1個百分點——

選擇A方案，雖然第一年較B方案多付了0.4%的年息，但第二年卻可少負擔0.6%的利息支出（3.3%～2.7%）。

不能只看利率高低，利率升降風險也要考慮

A 案
前二年
利率固定

固定利率
2.7% | 2.7% | 機動利率 | 機動利率 | 機動利率 | ≈ | 機動利率
第一年 | 第二年 | 第三年 | 第四年 | 第五年 | ……… | 第末年

尚有兩年2.7%的低利。

B 案
前一年
利率固定

固定利率
2.3% | 機動利率 | 機動利率 | 機動利率 | 機動利率 | ≈ | 機動利率
第一年 | 第二年 | 第三年 | 第四年 | 第五年 | ……… | 第末年

只第一年少付0.4%，有點小恐怖的是，利率是每三個月調一次。

⌂■⌂　均攤型、理財型、抵利型
動用房貸三種方式

　　房貸核准後，以前的邏輯就是欠銀行一筆錢！但為了因應現代人靈活理財需求，銀行讓房貸戶的「動用方式」跟古早古早以前相差很多，你可以選擇一次撥款的傳統型，也可以選擇循環動用理財型。有些聽起來超美妙一付十分智慧聰明的樣子，不過羊毛出在羊身上，消費者得仔細精算，並配合自己的理財步驟，才是上上之策。

類型① 平均攤還型房貸

　　屬於一次撥貸性質，也就是說，你貸500萬元，銀行就會一次撥500萬元給你，然後每個月固定時間繳交一定金額，分期攤還本息，即所謂固定還款。

　　好處是貸款年限長，利率低，每月負擔比較輕，但因為攤還過的本金無法重覆使用，缺乏資金調度彈性，比較適合保守、偏好長期、固定的財務管理者或者固定收入的上班族。

類型② 理財型房貸

　　屬於「循環動用型」貸款，雖然也是撥貸後按月攤還本息，但是消費者可以將已經分期攤還的本金自動轉成一個循環週轉額度，隨時借、隨時還，有借才算利息，而且還的本金越多，可以動用的額度越高。

　　理財型房貸貸款人平時按月償還貸款本息即可，如果手上有多餘的資金，如年終獎金或三節獎金時，便可以拿來償還，以節省利息負擔，並增加下次貸款的備用額度。

　　不過，循環動用型房貸會比一次撥貸型房貸的利率稍高，又分為「周轉型」、「回復型」、「綜合型」三種模式。

　　周轉型房貸是以短期借貸為訴求，只要還款正常，就可以把已經還款的部分包括本與利再借出來，利息以天數計算。

　　回復型理財房貸是將你所付的本金自動轉入你所申請的循環信用額度，做為你需要資金時的調度。

　　綜合型理財房貸，則是傳統房貸搭配擔保品抵押貸款的組合。例如，某甲的房屋可貸款總金額為500萬元，但他可選擇以傳統房貸方式支借200萬元，供作房屋貸款使用，而剩餘的300萬元則以不動產作擔保，讓消費者進行資金運用。

　　理財型房貸適合資金往來較為頻繁的民眾，讓房子也能成為理財的工具之一。

　　但要注意的是，把償房貸的錢再借出來使用，除非你選擇投資的商品收益高於房貸利息費用，才有套利空間，發揮不動產的投資效益，如果是商品投資收益大幅小於利息費用，或是一直把錢拿出來用於消費，很容易因此陷入財務泥沼。因為一方面要承擔投資損失，另一方面則要負擔動用到的房貸利息。

理財型房貸的三種模式

以房貸500萬，尚餘450萬本金，3/5理財靈活金為例

已還本金	已繳利息	未還本金
50萬	25萬	450萬
周轉型	回復型	綜合型
本金還50萬，利息25萬	本金還50萬，利息25萬	200萬傳統房貸
本利75萬可借出	本金50萬可借出	以不動產擔保可借300萬

類型③ 抵利型房貸

　　抵利型房貸是新一代房貸商品，近來特別受市場注目，也叫做「無息型」或「免息型」房貸，是在傳統房貸付款方式中，加上彈性繳款功能，以貸款本金扣除自己的存款計算貸款利息，為存貸整合的概念，利息多半略高於一般指數型房貸。

　　主要訴求為「存多、繳少、還得快」，由客戶與銀行約定，開設一個不用計算利息的活存帳戶，銀行計算房屋貸款利息時，會先將房屋貸款餘額扣掉活期帳戶存款餘額，再按貸款利率以日計息。

應繳之貸款利息＝（貸款餘額－存款餘額）×貸款利率×貸款期間

　　存款越多房貸可以免息額度越高，省息效果就愈大。例如，王先生有50萬元存款，房貸400萬元，選擇抵利型房貸，被計息的房貸本金部分只剩下350萬元（400萬－50萬），由於被計息的本金變少了，房貸利息也會跟著變少，而達到省息效果。

　　抵利型房貸適合固定繳款的貸款人，由於擁有獨立的貸款帳戶與活存帳戶，讓帳目相當清楚。只要儘可能將每個月的資金「整合」在約定存款帳戶內，即可讓存款每天去扣抵房貸利息，加速償還本金。

　　這種貸款對存款較多的人，才能真正享受以存款抵貸款的省息優勢，對存款不多的青年族群，或者手頭不夠寬裕、每月收支持平的上班族，是無法享受到抵利無息的好處的。

　　一般存款餘額在30萬元以上，或存放比在15％以上者，較能發揮省息效果。因為這種房貸利率水準比一般房貸要高出1.5碼（一碼為0.25％）以上，是否對自己有利得比較過才知道。

存款有多少，免息部位就有多少

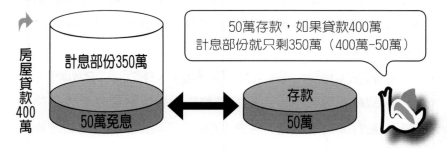

房屋貸款400萬

計息部份350萬

50萬免息

50萬存款，如果貸款400萬
計息部份就只剩350萬（400萬-50萬）

存款
50萬

■　考慮理財靈活度，也別忘精算利率

　　傳統型房貸的資金運用雖然看起來比較「笨」，但利率低卻是在所有「花式」房貸中最無敵的。

　　抵利型房高傳統房貸1.5碼以上；理財型房貸利率則高約1-4

碼，原則上提供消費者愈靈活的資金運用方式，利率就會高那麼一點，不過，如果跟消費性貸款或信用卡比，房貸怎麼算還是便宜的。那麼，到底要選那一種房貸？

最重要還是在於自己對資金現況的需求、未來的預期與房貸商品的期望，以及對這些期望的優先順序。

例如每個月收入高的人，希望提早還款，可能優先考慮具有還款彈性的理財型房貸商品；若每個月收入中等的人，可能為了減輕負擔，最重視的是應繳付利息愈少愈好；若是不喜歡有負債感覺的人，可能認為傳統平均攤還型房貸就夠了，而且利率相對較低。

建議你，不管選擇哪一種，都要睜大眼睛，認清低利數字的背後涵義，破解數字的魔咒，以及商品本身是否能符合你的需求，並就有興趣之房貸產品請教專家或自行試算，多比較銀行各種不同的房貸選擇，才不會吃虧！

【範例說明】

小美房貸500萬，平日銀行總有保留50萬現金以備不時之需，銀行給她的房貸條件如下：

一般傳統房貸利率為3.8%

抵利型房貸利率為4.175%（高1.5碼）→以下採450萬計。

理財型房貸利率為4.3%（高2碼）

第一年每一個月各要付多少本息？

（以20年期、本利平攤還為例，可查書末年金現值表）

抵利型房貸	理財型房貸	一般傳統房貸
利率為4.175%	利率為4.3%	利率為3.8%
每月要繳的錢	每月要繳的錢	每月要繳的錢
27,373	30,290	29,250
第一年付出本金與利息	第一年付出本金與利息	第一年付出本金與利息
328,467	363,480	351,000

早還好？晚還好？
房貸還款四種方式

除了重視現行銀行的利率水準之外，貸款後的繳款方式也是一大學問。

貸款總額是不變的，每個月的房貸內包含本金和利息，如果本金多繳、利息越少，就可提早還清房貸；本金少繳每月負擔輕，但會延長繳款年限。目前使用最普遍的還款方式有本息定額攤還、本金定額攤還、附加寬限期攤還、以及彈性還款等幾種方式，你可自行試算，再依個人經濟狀況選擇有利方式。

方法① 本金平均攤還

是較省息的貸款，因為每期攤還固定本金，隨著累積的攤還本金越來越多，利息會逐期減少，償還壓力愈來愈小。

由於貸款初期還款金額多，後期還款金額少，所以每月償還本息金額不同。這對於剛購屋者或資金不夠充裕的人，在初期還款成本較高下，可能會有繳不出本息的風險。

適合短期資金充裕者

先苦後甘，最省息

還固定本金，利息就越來越少……

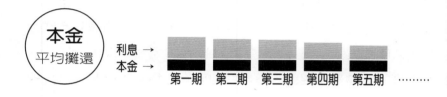

方法 ② 本息平均攤還

　　是最常用的償還方式，優點是以現行利率計算固定攤還相同的本息，可強迫民眾償還本金，利於每月財務支出規劃。

適合月收入穩定者

以現行利率算，最方便

每月償還一樣金額的貸款，便於理財規劃。

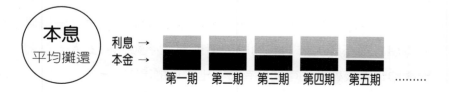

方法 ③ 寬限期攤還

結合本息平均攤還法，先約定一個固定寬限期，在寬限期內，借款人不必償還本金，每月只要繳利息就可以了，等寬限期過再開始以本息平均攤還。

優點是寬限期間負擔輕，但一過寬限期，負擔馬上加重。對於剛購屋者或短期資金不足者，可以有喘息的機會，等到經濟能力累積充裕後再還本金。

最初只繳利息，財務靈活
先還利息，利於及時性資金運用

【範例說明】

大華在台北天母買了一間華寓，總價900萬元，向銀行貸款630萬元、貸款20年、利率3％，大華採不同的還款方式，每月的負擔各是多少呢？

攤還方式 支出額	本金平均	本息平均	5年寬限期
每月負擔	第1個月42,000元 第2個月41,895元 …………………… 第25個月39,551元 …………………… 第240個月23,091元	每個月均為34,940元	寬限期內： 每個月15,750元 5年寬限期後： 每個月43,507元
總償還金額	7,586,888元	8,385,633元	8,776,284元
總利息支出	1,286,888元	2,085,633元	2,476,284元

　　由範例可知，先苦後甘，可以讓銀行少賺百萬元以上的利息；而且利率如果上揚，在利率低點趕緊還掉本金，可讓銀行少賺不少利息。

方法 ④　彈性繳款

　　為因應市場需求，銀行推出各式各樣的還款方式，讓繳房貸更具彈性。是否較有利，就看個人的理財需求了。一般來說通常銀行會在「還款週期」和「還款金額」上做調整。

● **雙周繳款**

每月分二次繳付，由於雙週加速還本，繳款速度加快，利息也省得愈多，缺點是你的手邊可能空不出資金做更有效的投資理財運用。適合收入穩定，相當在意房貸利息支出，或想早日解除房貸壓力的人。

● **輕鬆繳**

你自己決定繳多少。

可以只還利息，等到有能力或收入增加時再償還本金，等於是將寬限期大大地延長，這寬限期間，貸款人可依照自己的所得能力，彈性決定如何償還房貸。例如領到年終獎金，或者所得收入增加時，隨時可分批償還本金，甚至等到房貸契約期滿時，再一次償還本金。

■ 留心還款方式的附加成本

在償還房貸的頭幾年，大部份付出去的錢都是拿來付利息的，用於償還本金的則不太多。因此欠的貸款越多，支付的利息也就越多。

　　因此，只要有穩定的收入，如果沒有其他重大支出，不會影響生活品質，可以考慮提前還部分貸款。即便每年只多付一次款，也能提前幾年把貸款還清。

　　值得注意的是，房貸的條款中常會限制不能提前還款，或是貸款年限至少要幾年等，你必須先查明貸款合約書中是否記載「提前還款違約條款」，否則即使有錢想提早還清貸款，可能還得先賠上一筆可觀的違約金，省下來的利息可能還不夠付違約金呢！

　　總之，不管選擇哪一種還款方式，仔細評估自己本身的財務狀況、投資計劃和債務承受度，才能慎選銀行及量身訂做不同的房貸產品。

長點好？短點好？
15、20、30年期房貸試算

房貸還款期限要設定多長？

貸款的期限越長，每月的房貸支出雖然低，但要付出比較多的利息，因此貸款時，應事先將不同年限在利息支出的差距了解清楚，再依通貨膨脹及個人經濟狀況等決定貸款期限會較妥當，最好能預先試算，才不會錯估了。

目前房屋貸款期限約15、20年，也有的承作至30年。選用30年期的房貸，可減輕每月的還款壓力，將每月的結餘作其他有效的投資上，增加收益，但30年累積下來繳出的利息費用會比較多；而20年期的房貸，適用在資金狀況較佳但不善理財的家庭，還款年限的縮短，可減少利息的支出。

不過如果是財力有限，爭取還款期限延長還算是個不錯的還款減壓方法。

例如，由20年延長為30年，或者與銀行約定貸款本金的某些成數於貸款期限後再償還；甚至如果你預期未來家庭收入會增加時，可以向銀行申請3-5年的還款寬限期，在寬限期限內只

需負擔利息費用、不需償還本金。但這些都會拖長繳款時間增加利息支出，使用前要注意！

延長貸款，勢必增加利息支出

貸款100萬（本例以本息定額攤還）

15年期	30年期
利率為9.0%	利率為9.0%
每月支付總額	每月支付總額
10,143	8,046
15年總支出	30年總支出
1,825,740	2,896,560

相差約107萬

⟨介◆介⟩　壓力鬆綁
三種優惠低利貸款

　　利率高低是決定貸款最直接的因素，取得較低的貸款利率是最直接、最實惠的還款減壓良方。

　　一般而言，取得優惠貸款的基本條件必須符合首次購屋的資格，最常見的有政府優惠房貸，以及銀行的「首次購屋貸款」。基本上，前者的適用條件較嚴苛、利率較低；而後者利率較高，但不需要抽籤及排隊。

　　此外，如果你有投保，有些保險公司也推出低利房貸方案，跟一般銀行比起來也算是便宜的。

■　政府優惠性貸款

　　各種貸款管道中，向政府借錢最划算，利率比一般銀行低很多，約2.3％到3.5％。不過，這類貸款都有資格限制，審核程序較嚴苛，僅供給特定對象使用，戶數跟申請時間也有限。要搭上這種超低利率的優惠貸款專車，要將申貸辦法讀清楚，

注意身分、年齡，及所購房屋面積是否合於條件。

（詳細條件請參考本書附錄二）

值得注意的是，由於名額有限，有些優惠房貸，如國宅貸款、勞工住宅貸款，都必須經過抽籤程序，在僧多粥少的情形下，中籤率並不高。有意買房子的還是要提早申請，最好在買房前一年就可以開始申請，提高命中率，因為今年不中，明年可再來一次；或者夫妻分開申請，增加抽中的機率。幸運抽中者，通常要於規定期限，約半年到二年內辦理過戶，否則下次要買房子得重新提出申請。

如果是已經買了房子的人，只要時間不超過二年，一樣可以申請政府優惠貸款，只要在中籤後辦理轉貸即可。所以，即使買房子前沒有抽中，買了房子後還是可以參加抽籤，千萬不要放棄自己的權益。

此外，不是每家銀行都有承作這種優惠性貸款，如果透過仲介公司代辦購屋時，應先了解仲介公司所選擇往來銀行是否有辦理政府優惠貸款。尤其是購買預售屋，建商都是整批向銀行辦理貸款，因此，需要利用政策性貸款的人，在訂定契約時，應該註明保留自己選擇貸款銀行的權利。

由於優惠貸款利率低，一般額度上限只有220萬元。雖然額

度不高，但若搭配銀行推出的首購優惠房貸，享受雙重優惠，將可省下一筆不小的利息支出。

【範例說明】

總價600萬、貸款420萬（七成）、20年期、本息平均攤還，其中220萬政府優惠利率2.3%、200萬銀行首購利率5%。

與一般銀行借款利率7.5%相比，第一年可以少付10萬。

優惠房貸，到底有多迷人？

房屋貸款420萬		
案一：政府優惠+銀行首購		案二：傳統房貸
政府優惠	銀行首購	傳統房貸
220萬，利率2.3%	200萬，利率5%	420萬，利率7.5%
月付：11,644	月付：13,200	月付：33,835

案二月付：33,835	−	案一月付：24,844	=	省8,991

第一年可省10萬元左右利息！

■ 銀行首次購屋貸款

　　一般說來，銀行提供的首次購屋貸款優惠，條件比較寬鬆，不像政府的標準那麼嚴格，既有收入的限制，還要直系親屬中沒有人登記有房子，銀行則只要本人名下沒有登記房子就可借款。現在第一年的貸款利率普遍在2.3％到5％間，其中以公營銀行優惠貸款額度較多，利率也較低，只是貸款成數較低。新銀行次之，外商銀行的利率最高，但老銀行的審核較嚴謹，外商銀行則以彈性的還款方式取勝，各有優缺點，貸款人應仔細算一算。

　　目前各大行庫推出的首購，都是採二階段或是三階段的分段式利率，第一年最低，第二年起每半年或一年加0.5％左右。由於現在大部分的貸款者都會在7年左右清償房貸，所以，最簡單的算法就是算出7年的平均利率，從中選擇最優、還款限制最少、服務品質、附加價值較多的銀行。

　　若你不符合銀行首購資格者，還可以向所任職公司的往來銀行、經常往來的金融機構爭取利率上的優惠。或者也可以考慮使用仲介公司介紹的金融機構，因為大型仲介公司案件多，能取得一般客戶無法取得的貸款利率與條件。

找那種銀行首購貸好？

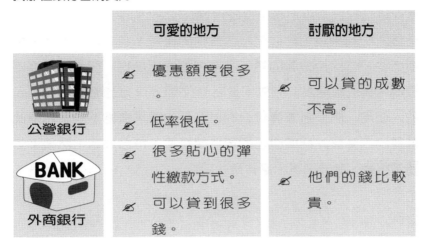

	可愛的地方	討厭的地方
公營銀行	🖎 優惠額度很多。 🖎 低率很低。	🖎 可以貸的成數不高。
外商銀行 BANK	🖎 很多貼心的彈性繳款方式。 🖎 可以貸到很多錢。	🖎 他們的錢比較貴。

■ 保險公司無自用住宅貸款

　　保單除了有保障功能外，還可以拿來向保險公司申請房屋貸款，由於是以保戶身份向保險公司申請，加上壽險公司也和銀行在爭地盤，利率上多有優待，第一年利率可降到2.25％至3.65％之間，第二年再按照保單分紅利率加碼調高，也是一個可供參考的新選擇。如果自己是公教人員、優良企業的員工等收入穩定者，房貸利率還可更低。

　　不過壽險公司提供的優惠利率通常只限保戶才能享有，有些保險公司甚至規定必須是年繳1萬元以上的保戶才能辦理壽險房貸。一般來說，若你是符合資格的保戶，利率會比銀行的還要低些，非保戶申請的話，利率則會高出幾碼。但大部份壽險公司可貸成數約為5至7成，最高也只有8成，較適合自備款充足的人使用。由於各家壽險公司對保戶的要求資格不同，想循此管道的人應該先掂掂自己的年繳保費是否符合規定，然後多詢問多比較，替自己選出最省息的房貸。

借到滿意又剛剛好

爭取高額房貸的方法

購屋時雖然房貸都標榜可以貸到七成至八成，但也不是每個人、每間房屋都可以借得到這樣的成數。

房貸戶可請專業代書先行評估自己可貸最高金額與成數，才不會影響自備款的籌措及延誤購屋時機！

銀行決定最後的核貸成數或金額，是考慮以下的因素：

1.房屋的屬性：

如果是地點好、轉手性強的房屋，例如學區住宅、市區精華區住宅，或是抗跌性強、格局佳的房屋，銀行會給較高的貸款成數；但如果是較特殊的房屋，如小套房、夾層屋、工業住宅、屋齡20年以上房屋等，通常不容易貸到7成，這是你買房子時必須事先考量清楚的。

2.個人信用狀況：

如果你的償債能力強，可以附上財力證明、扣繳憑單，或者有較好的職業，如軍公教人員、律師及會計師等專業人員，都是比較容易取得高成數的貸款。相反地，如果你的職業比較

沒保障，或者欠缺財力證明（如自由業者），比較不利高額貸款成數的申請。

3.與銀行關係：

如果跟銀行往來關係頻繁、且信用狀況良好，不僅可在需要時發揮作用，也是增加貸款額度的最佳途徑。

4.擔保人或擔保品：

保證人越多，例如二人或二人以上，或保人名下有不動產或其他資產証明者，通常可以爭取到較高的貸款額度；此外，也可以提供其他不動產抵押來提高擔保設定，增加貸款額度。

5.透過大型房仲業者：

大型房仲業因為案量大且案源穩定，加上擁有完善的產權審查及屋況調查，相對地授信風險降低，銀行通常願意提供較佳的利率與較高的貸款額度。

⌂🔺⌂ 為房貸換新家
要求降息與轉貸

若房貸已經貸多年，且信用與還款情況良好，加上有穩定收入的工作，貸款戶就有條件跟銀行爭取調降利息，不過，可別寄望銀行自己「良心發現」，這種事情得「有吵才有降」。

■ 利差4%以上，才考慮轉貸

如果你已經提出了降息要求，銀行不接受，再考慮將房貸搬家。但轉貸時要注意兩件事情，一是轉貸費用是否划算，因為房貸搬家也得付出成本，必須重新辦設定、規費、代書費、銀行的設定規費、手續費，有時候還要付違約金，這些費用加起來可能會比節省的利息支出還多，更別說重辦一次貸款要準備資料、填表格，及重新找保人等麻煩。由於各家銀行收的費用不一，最好事先打聽清楚，以免得不償失。

轉貸前必須先比較轉貸的利息和違約金，如果節省的利息還低於違約金的支出，則不宜轉貸。以申貸500萬元為例，轉貸

相關費用大約2萬元，換算成年利率約0.4％，若確定代償銀行
提供的利率比原來的銀行便宜0.4％以上才考慮搬家！

　　轉貸要考慮的第二點為，銀行是否願意「代償舊欠」，或
是銀行是否願意給較高的貸款成數，如果所接洽的銀行不願代
償，你必須自己先還清原來銀行的貸款，那麼就要好好衡量自
己是否辦得到。否則，與其徒勞無功，倒不如回頭與貸款銀行
談判降息來得有利。

各項轉貸費用參考表

項目	費用
設定費	轉貸金額的千分之一計算。
代書費	原房貸塗銷費及新房貸設定費，約6,000元。
書狀費	80元
查詢費	500元
代償費	各銀行規定不同，有的銀行不收，有的銀行酌收3,000至5,000元。
違約金	各銀行規定不同，可能收取貸款金額的0.5％～1％不等。

⌂🏠⌂　　房貸公關也行
透過房貸與銀行建立關係

做生意的原則是「做熟不做生」，銀行貸款更是如此。銀行對於生客人比較保守，且提供之貸款額度與利率條件都較不好。所以平常就必須跟銀行建立起良好的往來關係，例如在平時把手中餘錢，以「集中火力」方式存在同一銀行，或者辦理銀行的信用卡，建立與往來銀行的關係與本身的信用。

■　貸款無力負擔的危機處理

如果失業、財務發生危機，繳不出房貸時，絕對不要逃避，這不是聰明的做法。可先與銀行誠懇協商，說明自己的狀況，表示有還款誠意，讓你在短期內少繳房貸，等到收入正常再補繳，大部分銀行對這種狀況會放寬處理，但借款人必須提出合理的還錢計劃。事實上，除非萬不得已，銀行是不會輕言拍賣房屋，所以如果你真的有心想繳房貸，只是一時發生周轉問題，與銀行溝通應該都能獲得彈性還款的優惠。

PART 5

● ● ●

購屋家計管理

對存款不多的購屋者而言，

買房子的每一塊錢幾乎都是借來的，

正確的還款順序，

加上靈活的利用房屋理財，

讓生活因買房子更有活力！

⇧●⇧ 　建立負債管理系統
兩種購屋理財的思考

　　「買房子」就是負債的開始，不僅購屋前後都要精打細算，能省多少就算多少，甚至購屋後，若有必要，還得修正自己的理財習慣。

■ 負債管理，就是成本概念

　　0存族購屋壓力大，負債管理尤其重要，平日應隨時檢視自己的負債，並想辦法降低負債。因為有自備款與房屋貸款雙重債務要償還，必須先了解每一筆負債的利率，並列表比較決定還款順序。

　　負債管理著重成本觀念，理論上，以利率高的優先還，並找便宜的負債來源。由於借錢的管道，視便利性、風險性而有不同的貸款成本，例如向銀行借100元，跟標會來的100元，支付的利息自然不同。所以應根據成本高低來分配負債比重，而且還要盡量降低高成本的負債金額，要懂得控制負債比例。

■ 購屋理財一：借新債還舊款

由於房屋抵押貸款是所有貸款商品中利率最低、可貸額度最高的的產品，這種抵押貸款會比無擔保的債務更安全，利率也比無擔保貸款低。

若你繳了一段時間的房屋貸款之後，且以高成本借來的自備款也尚未還清，此時不妨利用房子申請擔保貸款，以較便宜的新債來還舊款，例如向原來申貸的銀行辦理增貸、辦理理財型房貸等，將借出來的錢拿去還高利率的自備款貸款。

■ 購屋理財二：拉長貸款期搭配理財

許多人算了算房貸，總是對於付給銀行的利息心疼不已，的確，那是筆十分可觀的數字，而且期間愈長利息付得愈多，那種感覺就像買了房子就成為銀行的免費長工一樣，總想能早日擺脫。不過，把收入所得盡所能的拿來還房貸，是否還有其他思考方式呢？

【範例說明】

最近JUN買房子，除了首購優惠利率房貸之外，其中300萬

是銀行一般貸款利率，銀行給了JUN兩種選擇方案。

方案	利率	貸款年期	每個月繳
A	8.75%	15年	29,982
B	9.25%	30年	24,681

（註：在相同的貸款利率水準下，貸款年限愈長，因為銀行風險愈大，利率也就愈高。）

　　Jun第一次看到這方案的時候，幾乎沒多想，直覺應該選A案，理由是每月只多繳5仟多元（29,982－24,861＝5,301），就會讓房貸少繳15年，當然要選這個案！

　　不過，她後來換了一個思考方向——

　　如果我選B案，把每月5仟多元用於理財，那麼會有什麼樣的結果呢？

　　自認沒有時間「照顧」理財事宜的Jun，想到了不久前她的保險經紀人曾經跟她談及基金理財，她對定期定額基金十分感興趣，這種理財方式很簡便，只要選定基金、約定扣款帳戶，每一季或每半年關心一下自己的基金操作績效就可以了。

　　如果我選B案，把5,301元轉成定期定額投資，那麼情況會怎麼樣呢？Jun評估著……

　　於是，她把共同基金過去歷史報酬率分悲觀、合理、樂觀

分別以零存整付的月複利算法求得以下的結果。

預期	基金 年報酬率	每月 投資	投資30年數 本利和
悲觀預期	4%	5,301	3,679,155 （約360萬）
合理預期	10%	5,301	11,982,846 （約1,198萬）
樂觀預期	15%	5,301	37,700,305 （約3,770萬）

依上表很容易就算出，每月5仟多元在年報酬率4%的月複利理財工具上，30年就有360萬。

於是Jun又推算一次，如果選B案，把省下的錢拿去投資基金，有沒有可能讓貸款反而早幾年還掉？

於是她又做了10年的投資試算：

預期	基金 年報酬率	每月 投資	投資10年 本利和
悲觀預期	4%	5,301	780,571 （約78萬）
合理預期	10%	5,301	1,085,883 （約108萬）
樂觀預期	15%	5,301	1,458,926 （約145萬）

看了上面的試算，Jun決定選擇貸30年期房貸，因為她認為每月拿5仟多元進行投資，反而有機會把房貸提早還掉。

　　當然，這只是提供你規畫財務的參考，因為10年後一次拿上佰萬去還房貸餘額可能不是很划算。而且，只要是投資必然存在著風險，但這總比選擇15年期的貸款，天天讓荷包壓得扁扁的完全沒有投資機會有利多了！而且，0存族本來就沒有太多閒錢進行理財規畫，現在又值利率低檔，更沒有理由急著把房貸還掉，多累積自己的投資實力，是很值得思考的方向。

　　不過，理財最挑戰的地方還是人性！若沒有事先規畫好，把每月從房貸中少下的錢拿去消費或投資高風險理財工具，那就完全失掉延長房貸的意義了。

自我財務解析
掌握金錢流向，擺脫0存魔咒

　　有人認為理財就是會投資，會賺錢，其實不然，會理財不等於會賺錢，聰明的理財人要會仔細看好自己的錢，再以錢來滾錢。

　　要留住錢就要全面檢視財務狀況，對自己每個月手中的資金做一番徹查，看看錢到底花到哪裡去了？資產負債與損益表就是個檢視用錢習慣的好方法，能更了解自己的財務狀況。

■　家庭資負表與損益表

　　資產負債表包含資產、負債，資產扣除負債之後的淨值代表自己實際的財力，並可瞭解個人財務健康情形，以評估風險分散性與負債承受能力。

　　資產包括現金、定期存款、股票、共同基金、債券、外幣、房屋、汽車等，負債則包括卡債、信用貸款、房屋貸款、汽車貸款等。

　　個人損益表則掌握每個月的淨收入狀況，以檢視是否有閒錢或透支。請將你手中每個月的收入，包括薪資、兼差所得等，以及要還的卡債、貸款、欠父母、朋友的款、基本生活開銷等一一列出，然後將收入所得扣掉支出之後，數一數還剩多少錢，習慣0存款過日的人常有一個心態，「實在很不想算，因為怎麼算錢還是不夠用。」

　　建議你不管結果如何，至少每個月一定要填寫家計簿或檢查家庭損益表，才能對錢是從那裡一點一滴的流失有所掌握。如果你身上沒有什麼特別的大筆開支，檢查的結果一定不難發現，那個殺手往往是非必要的生活消費。因為這個支出彈性可以很大，也可以很小，存不存得了錢，就看能不能夠從這邊挪出一些費用出來理財。因此，在進行收支紀錄時，必須分辨出哪些費用是必要、需要、想要，必要是代表一定非花不可，例如房租費；需要是代表可要可不要，例如剪頭髮；想要則代表可以不要，例如買多一點的衣服。

■　先儲蓄、後消費的管錢邏輯

　　許多人為何工作多年之後，仍然兩手空空？

　　不少人是敗在消費慾望之下，導致花錢速度與領薪水速度幾乎等速成長，甚至超前，讓每個月的收入無聲無息地就這麼被「洗」掉。因此，要有財可理，累積財富，0存款族要立刻改變先消費、後儲蓄的用錢順序，養成先儲蓄，後消費的習慣，如此就較容易存下錢來。

　　如果你是經常會衝動性購買，或者只有天人交戰一下子就會去貢獻經濟的人，建議少帶信用卡、現金卡與金融卡上街，只帶預算內的現金出門即可，讓自己的消費不容易超出預算。甚至自制力很低者，乾脆將信用卡、現金卡擺在家裡或乾脆不辦，此外，卡費要盡量當期付清，絕不要輕言動用高利率的循環利息。當你藉由個人資產負債與損益表了解自身的財務與消費狀況之後，最好強迫自己養成量入為出的習慣，千萬不可以過度的擴張信用、舉債度日。並根據優先順序，編列支出預算，不輕易超支，如此才能早日擺脫0存的魔咒。

家庭資產負債表

我家的財產	我的負債
房子市值＝	房子貸款＝
車子市值＝	信用卡未付總額＝
股票市值＝	現金卡未付總額＝
基金市值＝	信用貸款未付總額＝
黃金或值錢的東西市值＝	借來的錢＝
活會已繳的會錢＝	其他負債＝
現金＝	
活儲＝	
定存＝	
合計＝　　　　　（a）	合計＝　　　　　（b）
財產（a）－負債（b）＝	

家庭每月損益表

每月收入	每月開銷
固定收入（夫）＝	房貸（租）＝
固定收入（妻）＝	汽車貸款＝
加班＝	會錢（死、活會均算）＝
外快＝	生活費（含交通）＝
定存利息＝	保險費＝
其他常態性月收入	水費＝
房租＝	電費＝
	瓦斯費＝
	其他固定支出
	網路專線費＝
合計＝　　　　　　（a）	合計＝　　　　　　（b）
每月收入（a）－每月開銷（b）＝	

附錄

●●●

附錄一

各種融資管道比較

◎ 親友借錢、公司借錢、拍賣或典當、跟會

管道	親友借錢	公司借錢	拍賣或典當	跟會
利率	利率彈性大，可以不收利息，亦可收高利息，視雙方交情而定。	利率比一般市場利率低，各公司規定不一。	1.拍賣或典當品不贖回：沒有利率問題。 2.典當品要贖回：公營當鋪12％，民營當鋪48％至120％。	視每期的標金而定。
貸款額度	視交情而定。	視各公司規定。	視拍賣或典當品的價值而定，通常黃金或珠寶價值會較高。	視會員人數而定。
還款方式	雙方議定。	視各公司規定。	按月付息，超過一定期限不付息，典當品將成為流當品。	每期支付死會會款。
貸款期限	雙方議定。	視各公司規定。	不一定，視你何時贖回而定。	視會員人數而定。
撥款速度	雙方議定。	視各公司規定。	1天。	視得標與否，或起會招攬會腳的速度而定。
申請方式	開口借，或立字據。	必須在公司服務滿一定年資。	直接拿物品到當鋪典當或到跳蚤市場、網路上拍賣。	以標會方式進行。
備註	交情不深的會要求擔保品。	若你離職，多數公司會要求償還剩餘貸款。	物品可以典當付利息，有能力時再贖回，或者直接賣掉換取現金。	1.怕有倒會風險，會首會腳財務情況要詳加了解。 2.若標會標金過高，不建議採用此籌資管道。

◎ **保單質借、存單質借、有價證券質借、房屋貸款**

管道	保單質借	存單質借	有價證券質借	房屋貸款
利率	約4%－6.9%。	約3－5%。	8.75%－9.25%。	1.二胎房貸：約15％－18%。 2.理財型房貸：約3%－5%。
貸款額度	保單價值準備金（或解約金）的7至9成，但除非是高額儲蓄險且繳費期間相當長，否則難有高額的質借。	存單金額8至9成。	1.股票：前1天收盤價與近3個月或6個月的平均價格做比較，以低價者為基準打折，約市值3至6成。 2.基金：以基金前一或三個月平均淨值，跟質借前一天淨值比較，採低者打2折到5折，約5至8成。	根據抵押物價值為貸款基礎，上百萬至上千萬都有。
還款方式	可在資金充裕時，連本帶利一起還清，也可不還本金、先還利息，亦可本息都不還繼續繳保費，等到日後滿期金的領回或身故受益金中扣除。	每月付息，直到清償為止。	每月付息，直到清償為止。	1.本金平均攤還。 2.本息平均攤還。 3.彈性繳款攤還。
貸款期限	保單有效期限內。	定存約定存款期限內	數月至1年。	最長可達20－30年。
撥款	1天。	1天。	3－7天。	7－14天。
申請方式	攜帶保單、身分證到保險公司填妥申請書。	攜帶定存單、身分證到銀行申請。	1.股票：攜帶分證、印章、集保存摺或股票，先到原開戶券商填寫股票設定申請書，再至銀行辦理。 2.基金：向基金公司申請受益憑證，再以基金受益憑證向銀行辦理質借。	拿房屋權狀及相關身份證件到銀行辦理。
備註	需以保單為質借。	需以定存單為擔保品。	1.需有股票或基金受益憑證為擔保品。 2.若基金或股票市值下降要補強質押品的價值。	需有房屋為擔保品。

◎ 中古車原車融資、小額信貸

管道	中古車原車融資	小額信貸
利率	約12%－18%。	1.無擔保信貸：約10%－14%。 2.有擔保信貸：約5%－8%。 3.結婚貸款：8.99%－12.8%。 4.團體性消費貸款、軍公教或專業人士貸款：約6%至8%，有的可低到3%。 5.薪轉戶貸款3.99%－11%。
貸款額度	視車子價值而定，一般為車子殘餘價值7至9成。	10－100萬元。
還款方式	按月本息均攤。	1.按月本息均攤。 2.循環型小額信貸有動用才計息。
貸款期限	車齡與貸款期間加起來不能超過一定年限。	1.1至7年。 2.循環型小額信貸可彈性繳款，隨借隨還。
撥款速度	3－7天。	3－7天。
申請方式	備妥相關身分證明文件、車籍資料等影本資料，即可辦理。	攜身分證、印章、在職證明、勞保卡至銀行辦理。
備註	1.以車子為擔保品。 2.若貸款利率介於10%－15%，要評估自己的償債能力是否可承擔。超過15%以上，則不建議採用此籌資管道。	1.有些標榜低利貸款、甚至前幾個月免息，但必須支付信用保險費、開辦費、手續費、帳戶管理費等額外費用。 2.若貸款利率介於10%－15%，要評估自己的償債能力是否可承擔。超過15%以上，則不建議採用此籌資管道。

◎ 信用卡、現金卡

管道	信用卡	現金卡
利率	1.預借現金：約18％－20％。 2.貸款：約10％－15％。	約16％－18.25％。
貸款額度	1.預借現金：信用卡額度的3至5成，有的可以到100％（需在可用餘額之內）。 2.貸款：10－20萬元。	10－30萬元。
還款方式	下月收到帳單時再繳款，可全部付清，或分期繳納最低應繳金額。	隨借隨還。
貸款期限	隨時可還款。雖無時間限制，但最好盡快還款。	隨時可還款。雖無時間限制，但最好盡快還款。
撥款速度	1.預借現金：馬上。 2.貸款：2－3天。	馬上。
申請方式	1.預借現金：申請信用卡時，銀行自動提供該功能。 2.貸款：以銀行存摺影本或信用卡月結單等，透過傳真或臨櫃等方式申請。	以身分證件透過電話、傳真或臨櫃方式申請。
備註	1.銀行會收取手續費。 2.適合短期融資。 3.利率過高，不建議採用此籌資管道。	1.有些標榜低利的銀行會收取開辦費、手續費、帳戶管理費等額外費用。 2.適合短期融資。 3.利率過高，不建議採用此籌資管道。

以上表格借款利率僅供參考

附錄二

政府各項政策性優惠貸款比較表

名稱	勞工住宅貸款	國宅貸款	青年低利貸款	2800億優惠貸款	軍公教住宅貸款
對象	1.現職已婚勞工、或者未婚勞工年滿20歲且與直系親屬共同居住。年滿40歲以上單身現職勞工。 2.參加勞保年資累計須滿5年，並在目前所屬事業單位年資連續滿2年以上，或參加勞保年資累計滿7年以上者。 3.本人、配偶及直系親屬沒有房屋登記，也無自有住宅者。 4.勞工本人、配偶、直系親屬從未獲政府優惠貸款補助者。 5.所購住宅在申請日2年內購買，並在3個月內辦妥房貸者。	1.年滿20歲，在當地設有戶籍者（台北市需連續三年）。 2.與直系親屬設籍同一戶且父母並無自用住宅（父母設籍未滿三年可）或有配偶者。 3.本人、配偶及戶籍內直系親屬及其配偶均無自有住宅。 4.符合行政院公告之收入較低家庭標準者。（台北市140萬元，台北縣七縣轄市138萬以下，高雄市109萬元，台灣省94萬元。） 5.本人、配偶及戶籍內直系親屬及其配偶均未曾受政府輔助購（建）住宅者。	1.年滿20歲以上至40歲之間，在當地設有戶籍者。 2.本人、配偶、戶籍內之直系親屬及其配偶均無自有住宅。 3.家庭年收入在戶數20%分位點以下者。 4.本人、配偶、戶籍內之直系親屬及其配偶均未曾受政府輔助購（建）住宅者。	1.年滿20歲者。 2.借款人得就銀行核貸優惠貸款金額20%申請信用保證。	1.各政府機關學校編制內，任公職滿一年之公教人員。 2.不曾由政府輔助購置住宅者。 3.未曾承購公有眷舍房地。 4.不得有留職停薪、待命進修或因案停職者。 5.未曾赴國外工作攜眷同住者。 6.志願役滿五年以上，官士及軍教編制內，服務滿五年以上文職教員。
申請方式	1.11月初至郵局購買申請書，檢具在職證明戶籍謄本及身分證勞保卡影本，交當地縣市政府勞工科統一抽籤。 2.每年約3萬多戶。	1.符合資格者檢具戶籍謄本身分證印章，向戶籍所在地之縣市政府國宅課購買申請書，填妥交國宅課抽籤辦理。 2.台灣省採抽籤方式。 3.每年度辦理一次。每年一至三月間政府會公告受理，承購人通常須在九月份提出申請辦理。	檢具一般貸款所需文件取得各縣市政府核發之「同意購置住宅證明」或「同意移轉證明」等規定文件。	檢具相關資料向承辦銀行申請。	檢具相關資料由任職單位，依年資造冊呈軍公教福利委員會統籌抽籤辦理候排。

名稱	勞工住宅貸款	國宅貸款	青年低利貸款	2800億優惠貸款	軍公教住宅貸款
利率	依照國民住宅基金提供部份利率計算（目前為年息2.625％）。	依照國民住宅基金提供部份利率計算（目前為年息2.625％）。	220萬元以內前7年依按郵匯局兩年期定儲利率加0.575%機動計息(目前為年息2.625%)。7年期滿後依郵局2年期定期儲金機動利率加1%機動計息，第8年起政府不補貼。超出220萬元部分配合銀行房貸辦理。	2.3%	3.5%
額度	220萬元。	220萬元。	220萬元。	台北市每戶250萬元。台北市以外地區每戶200萬元。	1.簡任官等最高220萬元。 2.薦任官等(含教師)最高180萬元。 3.委任官等(含雇員、駐衛警、校警)最高150萬元。 4.駕駛、技工、工友比照委任官等辦理。 5.將官220萬元、校官180萬元、士官150萬。
期限	最長30年。	最長30年。	最長30年。	最長20年。	貸款年限為20年。
動用及還寬次方式	一次全額貸放，採按月平均攤還本息，並視客戶自身能力給予還本寬限期。	一次全額貸放，採按月平均攤還本息，並視客戶自身能力給予還本寬限期。	由承辦貸款金融機構依該機構規定與承貸戶議定。但付息不還本之寬限期最長為五年。		

	勞工住宅貸款	國宅貸款	青年低利貸款	2800億優惠貸款	軍公教住宅貸款
條件	1.本人、配偶及直系親屬均符合申請資格時，其共同生活之一戶以一人申請為限。 2.住宅所在地以工作或職業工會所在地及相鄰縣市為限。 3.房屋以自住為限。	1.不限中古屋或新屋。 2.購置住宅面積最大不超過112平方公尺。 3.貸款時間：經核准通知後應於半年內辦理承貸手續。未於期限內辦理者得申請保留1年半。 4.貸款之住宅：房屋登記用途必須為住宅，所在地限制依各行庫內部規定為主(台北市部份以基隆以南，桃園以北)。	1.每年一萬戶，超過一萬戶以抽籤決定。 2.本專案貸款不得搭配政府其他政策性房貸。 3.每一共同生活戶或夫妻分戶者，以申請一戶為限，不得重複申請，否則取消申請資格。	1.每人限購一戶。 2.購買新屋或中古屋皆可。 3.額度用完為止。	1.不限中古屋或新屋。 2.夫妻皆公教人員以補貼1戶為限。 3.若建材為加強磚造15年以上住宅，每超過1年貸款年限遞減1年。 4.住宅移轉時，優惠貸款仍可保留，但需先更換抵押品。 5.貸款行庫：台北市(北銀)、台灣省(土銀)、中央(合庫)。

附錄三
預售屋的潛在陷阱

陷阱一　　　　　美麗的糖衣

　　有些不肖的建商為了促銷房屋，不惜藉由誇大的廣告詞，塑造絢麗的預售屋模樣，照片拍得美美的，樣品屋也裝潢得相當有品味，加上銷售員凌厲的行銷話術，令消費者在這一團迷霧當中，昏頭昏腦地便下決定買了，倘若真得碰到一個沒有誠信的建商，就算是一坪五萬元賣你，怕到頭來只剩一張合約廢紙而已。

　　另外，投機的建商有的會以非住宅用途提出申請，規避住宅的樓層高度限制，透過所謂裝潢參考圖、或「裝潢圖片僅供參考」，以「複式創意加倍」、「一坪價格可使用二倍超值」等行銷字眼，讓消費者誤以為可以合法加蓋「夾層屋」，但在相關圖片中絕口不提夾層屋，以逃避法律責任，直到消費者發現上當已來不及，萬一必須面臨拆除的命運，買家反而成為最大的輸家。

　　因此，最好選擇稍具規模有品牌口碑的老字號建商，且對於建商的誠信與財務狀況都必須調查清楚，不要被美麗的糖衣所蒙蔽。不妨打聽建商以往所推出的建案在市場上的評價，甚

至親自到該建商已經蓋好的其他建案考察，並蒐集該公司的年報或者相關新聞，了解其財務狀況，如果過去曾有跳票、債務糾紛之類的不良紀綠，最好避免買他們建造的房子，以防繳了錢最後建商卻跑掉了。

 **隱惡揚善**

銷售人員常以「創意空間」強調多元的生活機能，有意或無意的誤導消費者衝動購買的慾望。因此，有些建商銷售時，把房子吹噓的多好，地點多棒，多有發展潛力，但實際上地點真得有這麼好嗎？這一點必須是購買預售屋所存疑的。雖然人人都愛生活機能方便的房屋，但若涉及安全問題，相信多數人是安全性大於便利性。

現在市面上有不少低自備款、低單價的房屋，乍看之下，雖然位於交通四通八達、熱鬧的市區，然而若仔細去推敲當地的區域環境，例如緊臨特種行業，或者犯罪率較高的地點，對於一些講究單純的居家環境的人而言，顯然不是一個理想的購屋地點。而這種區域的預售屋也會影響後來買方接手意願，因此折舊速度及跌價速度比較快，即使不是自住而是投資，也不見得能脫手成功，甚至有可能連租都租不出去，還要一直付房貸利息、管理費。

所以，買房子不要懶得做功課，好像跟自己的錢有深仇大

恨，真的很不好！儘管交通、生活機能都很便利，但是治安、色情、噪音和空污、附近的景觀和街道衛生也不容忽視，最好白天、早上都去考察一下當地的周遭環境。

陷阱三 ▶▶▶ 重大權益略而不提

有些人購買房屋不喜歡室內天花板有樑柱，但這從室內平面圖上是看不到的，平面圖充其量只看到是否有柱子。即使從平面圖可看到屋內四周有大柱子，但這會算入權狀面積，不但消費者權益受損，將來裝潢時也會造成阻礙。諸如此類的權益，通常在銷售時，多數銷售員並不會主動提及，購屋者必須去建商那兒調出室內工程圖看才會知道，或者必須主動要求，建商才會出示。這種能瞞就瞞是許多預售屋一貫的銷售技倆，購買者必須特別注意。

陷阱四 ▶▶▶ 騙貸款

銷售時，有些建商會以「超高貸、低自備」吸引客戶入甕，表面上他們會說購屋者的難處他們完全體諒，有關付款與貸款方式均可答應，可是，一旦補足訂金簽約後，便將無法高貸的原因，歸諸於購屋者本身的條件不符。因此，建議大家不要因賣方說要幫忙申請貸款或其他變通方式，而輕率地購買超出

自己能力範圍的房屋。否則一旦貸不到款，或發生其他事故而
無法付款時，將造成無謂的損失。

 **坪數縮水**

　　預售屋坪數約定會記載在房屋買賣合約書上，但有些建商
的預售合約書卻暗藏玄機，以規避坪數不足之問題。民眾最好
要求代銷公司將建物坪數（例如主建物面積、附屬建物面積、公
共設施面積）及每坪單價書寫清楚，以便坪數不足時，作為求償
之用。並且在交屋時，再確認是否按原設計施工，不妨調閱土
地謄本、建物謄本、建物測量成果圖等資料，按圖索驥，核對
產權登記、房屋面積與業者所說有無出入，才不會在坪數單價
上吃了虧。

 **建材設施不符**

　　通常預售買賣契約書，多會在建材一項特別加註「....或
採用同等級品之建材」，交屋時，民眾必須檢查建材施工是否
與契約相符，包括門窗、門鎖、排水系統、衛浴設備、插座、
樓梯、消防設備、停車設備等等……，對於這些設備、設施使
用品牌、規格、品質、數量、等級等都必須逐一比對。若發現
差異，或故障率過高，甚至規格不符時，應與建商詳談。

陷阱七 ▶▶▶ 公設規劃與設計不符

　　有些預售屋雖然是交屋了，而且合約也沒什麼大問題，但因公共空間設計、規劃及管理，與當初的規劃有差異，導致公設問題一大堆，例如游泳池不見了、垃圾冷藏室也沒了、運動室只擺幾張桌球桌等等。因此，對於公設之比率、規劃、詳細的項目，都必需要求代銷業者說明清楚，包括騎樓、頂樓使用權界定、中庭設施、地下室設施的使用都應特別注意，避免當初就是看中良好的公設規劃而買房子，到頭來卻什麼也沒有，或者即使有，但也與認知差距甚大而吃了悶虧。

附錄四

本息平均攤還法查表方法

　　每借1萬元，只要知道分幾個月攤還，年利率多少，找出兩者所對應的值，就是每月要繳的本利和。

例如：

貸300萬、20年、年利率5%，查表得知對應數字為①→66.00，也就是每借1萬元，每月要繳的錢是66.00元，因為是借300萬，所以每月要繳：

$300 \times 66.00 = 19,800$元。

如果查不到表上的利率，可以找最接近的數值利用比例法求出。承上例，如果利率是2.3%，可取最近值2.25%為基礎②，算出對應的比值約為：

$$\frac{2.25}{2.3} = \frac{51.78}{X}$$

$$X = 52.93$$

300萬貸款月付：

$$300 \times 52.93$$

$$= 15,879元$$

年利率\期數(月)	222	228	234	240	246	252
0.25%	$46.10	$44.91	$43.79	$42.72	$41.71	$40.74
0.50%	$47.17	$45.99	$44.86	$43.79	$42.78	$41.81
0.75%	$48.26	$47.07	$45.95	$44.88	$43.87	$42.90
1.00%	$49.36	$48.18	$47.05	$45.99	$44.98	$44.01
1.25%	$50.48	$49.30	$48.18	$47.11	$46.10	$45.14
1.50%	$51.61	$50.43	$49.32	$48.25	$47.25	$46.28
1.75%	$52.76	$51.59	$50.47	$49.41	$48.41	$47.45
2.00%	$53.93	$52.76	$51.64	$50.59	$49.58	$48.63
2.25%	$55.11	$53.94	$52.83	$51.78	$50.78	$49.83
2.50%	$56.31	$55.14	$54.04	$52.99	$51.99	$51.05
2.75%	$57.52	$56.36	$55.26	$54.22	$53.23	$52.28
3.00%	$58.75	$57.59	$56.50	$55.46	$54.47	$53.53
3.25%	$59.99	$58.84	$57.75	$56.72	$55.74	$54.80
3.50%	$61.25	$60.11	$59.02	$58.00	$57.02	$56.09
3.75%	$62.53	$61.39	$60.31	$59.29	$58.32	$57.40
4.00%	$63.82	$62.69	$61.61	$60.60	$59.63	$58.72
4.25%	$65.13	$64.00	$62.93	$61.92	$60.97	$60.05
4.50%	$66.45	$65.33	$64.27	$63.26	$62.31	$61.41
4.75%	$67.78	$66.67	$65.62	$64.62	$63.68	$62.78
5.00%	$69.13	$68.03	$66.98	$66.00	$65.06	$64.17
5.25%	$70.50	$69.40	$68.36	$67.38	$66.46	$65.58
5.50%	$71.88	$70.79	$69.76	$68.79	$67.87	$67.00

年金現值表（本息平均攤還）　6～36期、年利率0.25%～15.00%

年利率\期數(月)	6	12	18	24	30	36
0.25%	$1,667.88	$834.46	$556.66	$417.75	$334.41	$278.85
0.50%	$1,669.10	$835.59	$557.76	$418.84	$335.49	$279.92
0.75%	$1,670.31	$836.72	$558.86	$419.93	$336.57	$281.00
1.00%	$1,671.53	$837.85	$559.96	$421.02	$337.66	$282.08
1.25%	$1,672.75	$838.99	$561.07	$422.11	$338.74	$283.16
1.50%	$1,673.97	$840.12	$562.18	$423.21	$339.83	$284.25
1.75%	$1,675.18	$841.25	$563.28	$424.30	$340.92	$285.34
2.00%	$1,676.40	$842.39	$564.39	$425.40	$342.01	$286.43
2.25%	$1,677.62	$843.52	$565.50	$426.50	$343.11	$287.52
2.50%	$1,678.84	$844.66	$566.62	$427.60	$344.21	$288.61
2.75%	$1,680.06	$845.80	$567.73	$428.71	$345.30	$289.71
3.00%	$1,681.28	$846.94	$568.84	$429.81	$346.41	$290.81
3.25%	$1,682.50	$848.08	$569.96	$430.92	$347.51	$291.92
3.50%	$1,683.72	$849.22	$571.08	$432.03	$348.61	$293.02
3.75%	$1,684.94	$850.36	$572.19	$433.14	$349.72	$294.13
4.00%	$1,686.17	$851.50	$573.31	$434.25	$350.83	$295.24
4.25%	$1,687.39	$852.64	$574.43	$435.36	$351.94	$296.35
4.50%	$1,688.61	$853.79	$575.56	$436.48	$353.06	$297.47
4.75%	$1,689.83	$854.93	$576.68	$437.60	$354.18	$298.59
5.00%	$1,691.06	$856.07	$577.81	$438.71	$355.29	$299.71
5.25%	$1,692.28	$857.22	$578.93	$439.83	$356.41	$300.83
5.50%	$1,693.50	$858.37	$580.06	$440.96	$357.54	$301.96
5.75%	$1,694.73	$859.52	$581.19	$442.08	$358.66	$303.09
6.00%	$1,695.95	$860.66	$582.32	$443.21	$359.79	$304.22
6.25%	$1,697.18	$861.81	$583.45	$444.33	$360.92	$305.35
6.50%	$1,698.41	$862.96	$584.58	$445.46	$362.05	$306.49
6.75%	$1,699.63	$864.12	$585.71	$446.59	$363.18	$307.63
7.00%	$1,700.86	$865.27	$586.85	$447.73	$364.32	$308.77
7.25%	$1,702.09	$866.42	$587.99	$448.86	$365.46	$309.92
7.50%	$1,703.31	$867.57	$589.12	$450.00	$366.60	$311.06
7.75%	$1,704.54	$868.73	$590.26	$451.13	$367.74	$312.21
8.00%	$1,705.77	$869.88	$591.40	$452.27	$368.88	$313.36
8.25%	$1,707.00	$871.04	$592.54	$453.41	$370.03	$314.52
8.50%	$1,708.23	$872.20	$593.69	$454.56	$371.18	$315.68
8.75%	$1,709.46	$873.36	$594.83	$455.70	$372.33	$316.84
9.00%	$1,710.69	$874.51	$595.98	$456.85	$373.48	$318.00
9.25%	$1,711.92	$875.67	$597.12	$458.00	$374.64	$319.16
9.50%	$1,713.15	$876.84	$598.27	$459.14	$375.79	$320.33
9.75%	$1,714.38	$878.00	$599.42	$460.30	$376.95	$321.50
10.00%	$1,715.61	$879.16	$600.57	$461.45	$378.11	$322.67
10.25%	$1,716.85	$880.32	$601.72	$462.60	$379.28	$323.85
10.50%	$1,718.08	$881.49	$602.88	$463.76	$380.44	$325.02
10.75%	$1,719.31	$882.65	$604.03	$464.92	$381.61	$326.20
11.00%	$1,720.55	$883.82	$605.19	$466.08	$382.78	$327.39
11.25%	$1,721.78	$884.98	$606.34	$467.24	$383.95	$328.57
11.50%	$1,723.01	$886.15	$607.50	$468.40	$385.13	$329.76
11.75%	$1,724.25	$887.32	$608.66	$469.57	$386.30	$330.95
12.00%	$1,725.48	$888.49	$609.82	$470.73	$387.48	$332.14
12.25%	$1,726.72	$889.66	$610.98	$471.90	$388.66	$333.34
12.50%	$1,727.96	$890.83	$612.15	$473.07	$389.84	$334.54
12.75%	$1,729.19	$892.00	$613.31	$474.24	$391.03	$335.74
13.00%	$1,730.43	$893.17	$614.48	$475.42	$392.22	$336.94
13.25%	$1,731.67	$894.35	$615.64	$476.59	$393.40	$338.14
13.50%	$1,732.90	$895.52	$616.81	$477.77	$394.60	$339.35
13.75%	$1,734.14	$896.70	$617.98	$478.95	$395.79	$340.56
14.00%	$1,735.38	$897.87	$619.15	$480.13	$396.98	$341.78
14.25%	$1,736.62	$899.05	$620.32	$481.31	$398.18	$342.99
14.50%	$1,737.86	$900.23	$621.50	$482.49	$399.38	$344.21
14.75%	$1,739.10	$901.40	$622.67	$483.68	$400.58	$345.43
15.00%	$1,740.34	$902.58	$623.85	$484.87	$401.79	$346.65

年金現值表（本息平均攤還） 6～36期、年利率15.25%～30.00%

年利率\期數(月)	6	12	18	24	30	36
15.25%	$1,741.58	$903.76	$625.03	$486.06	$402.99	$347.88
15.50%	$1,742.82	$904.94	$626.20	$487.25	$404.20	$349.11
15.75%	$1,744.06	$906.13	$627.38	$488.44	$405.41	$350.34
16.00%	$1,745.30	$907.31	$628.56	$489.63	$406.62	$351.57
16.25%	$1,746.55	$908.49	$629.75	$490.83	$407.83	$352.81
16.50%	$1,747.79	$909.68	$630.93	$492.02	$409.05	$354.04
16.75%	$1,749.03	$910.86	$632.11	$493.22	$410.27	$355.28
17.00%	$1,750.27	$912.05	$633.30	$494.42	$411.49	$356.53
17.25%	$1,751.52	$913.23	$634.49	$495.62	$412.71	$357.77
17.50%	$1,752.76	$914.42	$635.68	$496.83	$413.94	$359.02
17.75%	$1,754.01	$915.61	$636.87	$498.03	$415.16	$360.27
18.00%	$1,755.25	$916.80	$638.06	$499.24	$416.39	$361.52
18.25%	$1,756.50	$917.99	$639.25	$500.45	$417.62	$362.78
18.50%	$1,757.74	$919.18	$640.44	$501.66	$418.86	$364.04
18.75%	$1,758.99	$920.37	$641.64	$502.87	$420.09	$365.30
19.00%	$1,760.24	$921.57	$642.83	$504.09	$421.33	$366.56
19.25%	$1,761.48	$922.76	$644.03	$505.30	$422.57	$367.83
19.50%	$1,762.73	$923.95	$645.23	$506.52	$423.81	$369.09
19.75%	$1,763.98	$925.15	$646.43	$507.74	$425.05	$370.36
20.00%	$1,765.23	$926.35	$647.63	$508.96	$426.30	$371.64
20.25%	$1,766.48	$927.54	$648.83	$510.18	$427.54	$372.91
20.50%	$1,767.73	$928.74	$650.04	$511.40	$428.79	$374.19
20.75%	$1,768.98	$929.94	$651.24	$512.63	$430.04	$375.47
21.00%	$1,770.23	$931.14	$652.45	$513.86	$431.30	$376.75
21.25%	$1,771.48	$932.34	$653.66	$515.09	$432.55	$378.04
21.50%	$1,772.73	$933.54	$654.87	$516.32	$433.81	$379.32
21.75%	$1,773.98	$934.74	$656.08	$517.55	$435.07	$380.61
22.00%	$1,775.23	$935.94	$657.29	$518.78	$436.33	$381.90
22.25%	$1,776.48	$937.15	$658.50	$520.02	$437.60	$383.20
22.50%	$1,777.73	$938.35	$659.71	$521.25	$438.86	$384.50
22.75%	$1,778.99	$939.56	$660.93	$522.49	$440.13	$385.80
23.00%	$1,780.24	$940.76	$662.14	$523.73	$441.40	$387.10
23.25%	$1,781.49	$941.97	$663.36	$524.98	$442.67	$388.40
23.50%	$1,782.75	$943.18	$664.58	$526.22	$443.95	$389.71
23.75%	$1,784.00	$944.39	$665.80	$527.46	$445.22	$391.02
24.00%	$1,785.26	$945.60	$667.02	$528.71	$446.50	$392.33
24.25%	$1,786.51	$946.81	$668.24	$529.96	$447.78	$393.64
24.50%	$1,787.77	$948.02	$669.47	$531.21	$449.06	$394.96
24.75%	$1,789.03	$949.23	$670.69	$532.46	$450.35	$396.28
25.00%	$1,790.28	$950.44	$671.92	$533.72	$451.63	$397.60
25.25%	$1,791.54	$951.66	$673.15	$534.97	$452.92	$398.92
25.50%	$1,792.80	$952.87	$674.37	$536.23	$454.21	$400.25
25.75%	$1,794.05	$954.09	$675.60	$537.49	$455.50	$401.58
26.00%	$1,795.31	$955.30	$676.84	$538.75	$456.80	$402.91
26.25%	$1,796.57	$956.52	$678.07	$540.01	$458.09	$404.24
26.50%	$1,797.83	$957.74	$679.30	$541.27	$459.39	$405.57
26.75%	$1,799.09	$958.95	$680.54	$542.54	$460.69	$406.91
27.00%	$1,800.35	$960.17	$681.77	$543.80	$461.99	$408.25
27.25%	$1,801.61	$961.39	$683.01	$545.07	$463.30	$409.59
27.50%	$1,802.87	$962.62	$684.25	$546.34	$464.60	$410.94
27.75%	$1,804.13	$963.84	$685.49	$547.61	$465.91	$412.29
28.00%	$1,805.39	$965.06	$686.73	$548.88	$467.22	$413.64
28.25%	$1,806.66	$966.28	$687.97	$550.16	$468.53	$414.99
28.50%	$1,807.92	$967.51	$689.21	$551.44	$469.85	$416.34
28.75%	$1,809.18	$968.73	$690.46	$552.71	$471.17	$417.70
29.00%	$1,810.44	$969.96	$691.70	$553.99	$472.48	$419.06
29.25%	$1,811.71	$971.19	$692.95	$555.27	$473.80	$420.42
29.50%	$1,812.97	$972.41	$694.20	$556.56	$475.13	$421.78
29.75%	$1,814.23	$973.64	$695.45	$557.84	$476.45	$423.15
30.00%	$1,815.50	$974.87	$696.70	$559.13	$477.78	$424.52

年金現值表（本息平均攤還）　42～72期、年利率0.25%～15.00%

年利率\期數(月)	42	48	54	60	66	72
0.25%	$239.16	$209.40	$186.25	$167.73	$152.57	$139.95
0.50%	$240.23	$210.47	$187.31	$168.79	$153.64	$141.01
0.75%	$241.31	$211.54	$188.39	$169.86	$154.71	$142.08
1.00%	$242.39	$212.61	$189.46	$170.94	$155.78	$143.16
1.25%	$243.47	$213.69	$190.54	$172.02	$156.86	$144.23
1.50%	$244.55	$214.78	$191.62	$173.10	$157.95	$145.32
1.75%	$245.63	$215.86	$192.71	$174.19	$159.03	$146.41
2.00%	$246.72	$216.95	$193.80	$175.28	$160.13	$147.50
2.25%	$247.82	$218.04	$194.89	$176.37	$161.23	$148.60
2.50%	$248.91	$219.14	$195.99	$177.47	$162.33	$149.71
2.75%	$250.01	$220.24	$197.09	$178.58	$163.44	$150.82
3.00%	$251.11	$221.34	$198.20	$179.69	$164.55	$151.94
3.25%	$252.22	$222.45	$199.31	$180.80	$165.66	$153.06
3.50%	$253.32	$223.56	$200.42	$181.92	$166.79	$154.18
3.75%	$254.43	$224.67	$201.54	$183.04	$167.91	$155.32
4.00%	$255.55	$225.79	$202.66	$184.17	$169.04	$156.45
4.25%	$256.66	$226.91	$203.78	$185.30	$170.18	$157.59
4.50%	$257.78	$228.03	$204.91	$186.43	$171.32	$158.74
4.75%	$258.90	$229.16	$206.05	$187.57	$172.47	$159.89
5.00%	$260.03	$230.29	$207.18	$188.71	$173.62	$161.05
5.25%	$261.16	$231.43	$208.32	$189.86	$174.77	$162.21
5.50%	$262.29	$232.56	$209.47	$191.01	$175.93	$163.38
5.75%	$263.42	$233.71	$210.62	$192.17	$177.09	$164.55
6.00%	$264.56	$234.85	$211.77	$193.33	$178.26	$165.73
6.25%	$265.70	$236.00	$212.92	$194.49	$179.44	$166.91
6.50%	$266.85	$237.15	$214.08	$195.66	$180.61	$168.10
6.75%	$267.99	$238.30	$215.25	$196.83	$181.80	$169.29
7.00%	$269.14	$239.46	$216.42	$198.01	$182.98	$170.49
7.25%	$270.29	$240.62	$217.59	$199.19	$184.18	$171.69
7.50%	$271.45	$241.79	$218.76	$200.38	$185.37	$172.90
7.75%	$272.61	$242.96	$219.94	$201.57	$186.58	$174.11
8.00%	$273.77	$244.13	$221.12	$202.76	$187.78	$175.33
8.25%	$274.93	$245.30	$222.31	$203.96	$188.99	$176.56
8.50%	$276.10	$246.48	$223.50	$205.17	$190.21	$177.78
8.75%	$277.27	$247.67	$224.70	$206.37	$191.43	$179.02
9.00%	$278.45	$248.85	$225.89	$207.58	$192.65	$180.26
9.25%	$279.62	$250.04	$227.10	$208.80	$193.88	$181.50
9.50%	$280.80	$251.23	$228.30	$210.02	$195.12	$182.75
9.75%	$281.98	$252.43	$229.51	$211.24	$196.35	$184.00
10.00%	$283.17	$253.63	$230.72	$212.47	$197.60	$185.26
10.25%	$284.36	$254.83	$231.94	$213.70	$198.84	$186.52
10.50%	$285.55	$256.03	$233.16	$214.94	$200.10	$187.79
10.75%	$286.74	$257.24	$234.39	$216.18	$201.35	$189.06
11.00%	$287.94	$258.46	$235.61	$217.42	$202.61	$190.34
11.25%	$289.14	$259.67	$236.85	$218.67	$203.88	$191.62
11.50%	$290.34	$260.89	$238.08	$219.93	$205.15	$192.91
11.75%	$291.55	$262.11	$239.32	$221.18	$206.43	$194.20
12.00%	$292.76	$263.34	$240.57	$222.44	$207.71	$195.50
12.25%	$293.97	$264.57	$241.81	$223.71	$208.99	$196.80
12.50%	$295.18	$265.80	$243.06	$224.98	$210.28	$198.11
12.75%	$296.40	$267.04	$244.32	$226.25	$211.57	$199.42
13.00%	$297.62	$268.27	$245.58	$227.53	$212.87	$200.74
13.25%	$298.84	$269.52	$246.84	$228.81	$214.17	$202.06
13.50%	$300.07	$270.76	$248.10	$230.10	$215.48	$203.39
13.75%	$301.30	$272.01	$249.37	$231.39	$216.79	$204.72
14.00%	$302.53	$273.26	$250.65	$232.68	$218.10	$206.06
14.25%	$303.77	$274.52	$251.92	$233.98	$219.42	$207.40
14.50%	$305.01	$275.78	$253.20	$235.28	$220.75	$208.74
14.75%	$306.25	$277.04	$254.49	$236.59	$222.07	$210.09
15.00%	$307.49	$278.31	$255.78	$237.90	$223.41	$211.45

年金現值表（本息平均攤還）　42～72期、年利率15.25%～30.00%

年利率\期數(月)	42	48	54	60	66	72
15.25%	$308.74	$279.58	$257.07	$239.21	$224.74	$212.81
15.50%	$309.99	$280.85	$258.36	$240.53	$226.09	$214.17
15.75%	$311.24	$282.12	$259.66	$241.85	$227.43	$215.54
16.00%	$312.50	$283.40	$260.96	$243.18	$228.78	$216.92
16.25%	$313.75	$284.68	$262.27	$244.51	$230.14	$218.30
16.50%	$315.01	$285.97	$263.58	$245.85	$231.49	$219.68
16.75%	$316.28	$287.26	$264.89	$247.18	$232.86	$221.07
17.00%	$317.55	$288.55	$266.21	$248.53	$234.23	$222.46
17.25%	$318.82	$289.85	$267.53	$249.87	$235.60	$223.86
17.50%	$320.09	$291.14	$268.85	$251.22	$236.97	$225.26
17.75%	$321.36	$292.45	$270.18	$252.58	$238.35	$226.67
18.00%	$322.64	$293.75	$271.51	$253.93	$239.74	$228.08
18.25%	$323.92	$295.06	$272.85	$255.30	$241.13	$229.49
18.50%	$325.21	$296.37	$274.19	$256.66	$242.52	$230.91
18.75%	$326.50	$297.68	$275.53	$258.03	$243.92	$232.34
19.00%	$327.78	$299.00	$276.87	$259.41	$245.32	$233.77
19.25%	$329.08	$300.32	$278.22	$260.78	$246.73	$235.20
19.50%	$330.37	$301.65	$279.58	$262.16	$248.13	$236.64
19.75%	$331.67	$302.97	$280.93	$263.55	$249.55	$238.08
20.00%	$332.97	$304.30	$282.29	$264.94	$250.97	$239.53
20.25%	$334.28	$305.64	$283.66	$266.33	$252.39	$240.98
20.50%	$335.58	$306.97	$285.02	$267.73	$253.82	$242.44
20.75%	$336.89	$308.31	$286.39	$269.13	$255.25	$243.90
21.00%	$338.21	$309.66	$287.77	$270.53	$256.68	$245.36
21.25%	$339.52	$311.00	$289.14	$271.94	$258.12	$246.83
21.50%	$340.84	$312.35	$290.53	$273.35	$259.56	$248.30
21.75%	$342.16	$313.71	$291.91	$274.77	$261.01	$249.78
22.00%	$343.48	$315.06	$293.30	$276.19	$262.46	$251.26
22.25%	$344.81	$316.42	$294.69	$277.61	$263.92	$252.75
22.50%	$346.14	$317.78	$296.08	$279.04	$265.37	$254.24
22.75%	$347.47	$319.15	$297.48	$280.47	$266.84	$255.73
23.00%	$348.81	$320.51	$298.88	$281.90	$268.30	$257.23
23.25%	$350.14	$321.89	$300.29	$283.34	$269.78	$258.73
23.50%	$351.48	$323.26	$301.70	$284.78	$271.25	$260.24
23.75%	$352.83	$324.64	$303.11	$286.23	$272.73	$261.75
24.00%	$354.17	$326.02	$304.52	$287.68	$274.21	$263.27
24.25%	$355.52	$327.40	$305.94	$289.13	$275.70	$264.79
24.50%	$356.87	$328.79	$307.36	$290.59	$277.19	$266.31
24.75%	$358.23	$330.18	$308.79	$292.05	$278.68	$267.84
25.00%	$359.58	$331.57	$310.22	$293.51	$280.18	$269.37
25.25%	$360.94	$332.97	$311.65	$294.98	$281.68	$270.91
25.50%	$362.31	$334.37	$313.08	$296.45	$283.19	$272.45
25.75%	$363.67	$335.77	$314.52	$297.93	$284.70	$273.99
26.00%	$365.04	$337.17	$315.96	$299.40	$286.21	$275.54
26.25%	$366.41	$338.58	$317.41	$300.89	$287.73	$277.09
26.50%	$367.78	$339.99	$318.86	$302.37	$289.25	$278.65
26.75%	$369.16	$341.41	$320.31	$303.86	$290.78	$280.21
27.00%	$370.54	$342.82	$321.77	$305.35	$292.31	$281.77
27.25%	$371.92	$344.24	$323.22	$306.85	$293.84	$283.34
27.50%	$373.30	$345.67	$324.69	$308.35	$295.38	$284.91
27.75%	$374.69	$347.09	$326.15	$309.85	$296.92	$286.49
28.00%	$376.08	$348.52	$327.62	$311.36	$298.46	$288.07
28.25%	$377.47	$349.95	$329.09	$312.87	$300.01	$289.65
28.50%	$378.86	$351.39	$330.56	$314.38	$301.56	$291.24
28.75%	$380.26	$352.83	$332.04	$315.90	$303.11	$292.83
29.00%	$381.66	$354.27	$333.52	$317.42	$304.67	$294.42
29.25%	$383.06	$355.71	$335.01	$318.94	$306.23	$296.02
29.50%	$384.47	$357.16	$336.50	$320.47	$307.80	$297.63
29.75%	$385.88	$358.61	$337.99	$322.00	$309.37	$299.23
30.00%	$387.29	$360.06	$339.48	$323.53	$310.94	$300.84

Let's Finance !
⑮國民理財系列叢書

年金現值表（本息平均攤還）　78～108期、年利率0.25%～15.00%

年利率\期數(月)	78	84	90	96	102	108
0.25%	$129.26	$120.10	$112.17	$105.22	$99.09	$93.65
0.50%	$130.33	$121.17	$113.23	$106.29	$100.16	$94.71
0.75%	$131.40	$122.24	$114.30	$107.36	$101.23	$95.78
1.00%	$132.47	$123.31	$115.38	$108.43	$102.31	$96.86
1.25%	$133.55	$124.39	$116.46	$109.52	$103.39	$97.95
1.50%	$134.64	$125.48	$117.55	$110.61	$104.48	$99.04
1.75%	$135.73	$126.57	$118.64	$111.70	$105.58	$100.14
2.00%	$136.83	$127.67	$119.75	$112.81	$106.69	$101.25
2.25%	$137.93	$128.78	$120.85	$113.92	$107.80	$102.37
2.50%	$139.04	$129.89	$121.97	$115.04	$108.93	$103.50
2.75%	$140.15	$131.01	$123.09	$116.16	$110.06	$104.63
3.00%	$141.27	$132.13	$124.22	$117.30	$111.19	$105.77
3.25%	$142.40	$133.26	$125.35	$118.43	$112.34	$106.92
3.50%	$143.53	$134.40	$126.49	$119.58	$113.49	$108.07
3.75%	$144.66	$135.54	$127.64	$120.73	$114.64	$109.24
4.00%	$145.81	$136.69	$128.79	$121.89	$115.81	$110.41
4.25%	$146.95	$137.84	$129.95	$123.06	$116.98	$111.59
4.50%	$148.11	$139.00	$131.12	$124.23	$118.16	$112.78
4.75%	$149.27	$140.17	$132.29	$125.41	$119.35	$113.97
5.00%	$150.43	$141.34	$133.47	$126.60	$120.54	$115.17
5.25%	$151.60	$142.52	$134.66	$127.79	$121.75	$116.38
5.50%	$152.77	$143.70	$135.85	$128.99	$122.96	$117.60
5.75%	$153.96	$144.89	$137.05	$130.20	$124.17	$118.82
6.00%	$155.14	$146.09	$138.25	$131.41	$125.39	$120.06
6.25%	$156.33	$147.29	$139.46	$132.63	$126.63	$121.30
6.50%	$157.53	$148.49	$140.68	$133.86	$127.86	$122.55
6.75%	$158.73	$149.71	$141.90	$135.10	$129.11	$123.80
7.00%	$159.94	$150.93	$143.13	$136.34	$130.36	$125.06
7.25%	$161.16	$152.15	$144.37	$137.58	$131.62	$126.33
7.50%	$162.38	$153.38	$145.61	$138.84	$132.88	$127.61
7.75%	$163.60	$154.62	$146.86	$140.10	$134.16	$128.89
8.00%	$164.83	$155.86	$148.12	$141.37	$135.44	$130.19
8.25%	$166.07	$157.11	$149.38	$142.64	$136.72	$131.49
8.50%	$167.31	$158.36	$150.65	$143.92	$138.02	$132.79
8.75%	$168.56	$159.62	$151.92	$145.21	$139.32	$134.11
9.00%	$169.81	$160.89	$153.20	$146.50	$140.62	$135.43
9.25%	$171.06	$162.16	$154.48	$147.80	$141.94	$136.76
9.50%	$172.33	$163.44	$155.78	$149.11	$143.26	$138.09
9.75%	$173.60	$164.72	$157.08	$150.42	$144.59	$139.44
10.00%	$174.87	$166.01	$158.38	$151.74	$145.92	$140.79
10.25%	$176.15	$167.31	$159.69	$153.07	$147.26	$142.14
10.50%	$177.43	$168.61	$161.01	$154.40	$148.61	$143.51
10.75%	$178.72	$169.91	$162.33	$155.74	$149.97	$144.88
11.00%	$180.02	$171.22	$163.66	$157.08	$151.33	$146.26
11.25%	$181.32	$172.54	$164.99	$158.44	$152.70	$147.64
11.50%	$182.62	$173.86	$166.33	$159.79	$154.07	$149.04
11.75%	$183.93	$175.19	$167.68	$161.16	$155.46	$150.44
12.00%	$185.25	$176.53	$169.03	$162.53	$156.84	$151.84
12.25%	$186.57	$177.87	$170.39	$163.91	$158.24	$153.26
12.50%	$187.90	$179.21	$171.75	$165.29	$159.64	$154.68
12.75%	$189.23	$180.56	$173.12	$166.68	$161.05	$156.10
13.00%	$190.56	$181.92	$174.50	$168.07	$162.46	$157.54
13.25%	$191.91	$183.28	$175.88	$169.47	$163.88	$158.98
13.50%	$193.25	$184.65	$177.27	$170.88	$165.31	$160.42
13.75%	$194.61	$186.02	$178.66	$172.30	$166.75	$161.88
14.00%	$195.96	$187.40	$180.06	$173.72	$168.19	$163.34
14.25%	$197.33	$188.78	$181.47	$175.14	$169.63	$164.80
14.50%	$198.69	$190.17	$182.88	$176.57	$171.09	$166.28
14.75%	$200.07	$191.57	$184.29	$178.01	$172.54	$167.76
15.00%	$201.44	$192.97	$185.71	$179.45	$174.01	$169.24

年金現值表（本息平均攤還）　　78～108期、年利率15.25%～30.00%

年利率\期數(月)	78	84	90	96	102	108
15.25%	$202.83	$194.37	$187.14	$180.90	$175.48	$170.74
15.50%	$204.21	$195.78	$188.58	$182.36	$176.96	$172.24
15.75%	$205.61	$197.20	$190.01	$183.82	$178.44	$173.74
16.00%	$207.00	$198.62	$191.46	$185.29	$179.93	$175.25
16.25%	$208.41	$200.05	$192.91	$186.76	$181.43	$176.77
16.50%	$209.82	$201.48	$194.36	$188.24	$182.93	$178.29
16.75%	$211.23	$202.92	$195.83	$189.72	$184.44	$179.83
17.00%	$212.65	$204.36	$197.29	$191.21	$185.95	$181.36
17.25%	$214.07	$205.81	$198.76	$192.71	$187.47	$182.90
17.50%	$215.50	$207.26	$200.24	$194.21	$189.00	$184.45
17.75%	$216.93	$208.72	$201.72	$195.72	$190.53	$186.01
18.00%	$218.36	$210.18	$203.21	$197.23	$192.06	$187.57
18.25%	$219.81	$211.65	$204.70	$198.75	$193.61	$189.14
18.50%	$221.25	$213.12	$206.20	$200.27	$195.16	$190.71
18.75%	$222.70	$214.60	$207.71	$201.80	$196.71	$192.29
19.00%	$224.16	$216.08	$209.22	$203.34	$198.27	$193.87
19.25%	$225.62	$217.57	$210.73	$204.88	$199.83	$195.46
19.50%	$227.09	$219.06	$212.25	$206.42	$201.41	$197.06
19.75%	$228.56	$220.56	$213.78	$207.98	$202.98	$198.66
20.00%	$230.03	$222.06	$215.31	$209.53	$204.56	$200.27
20.25%	$231.51	$223.57	$216.84	$211.09	$206.15	$201.88
20.50%	$233.00	$225.08	$218.38	$212.66	$207.75	$203.50
20.75%	$234.49	$226.60	$219.93	$214.23	$209.34	$205.12
21.00%	$235.98	$228.12	$221.48	$215.81	$210.95	$206.75
21.25%	$237.48	$229.65	$223.03	$217.39	$212.56	$208.38
21.50%	$238.98	$231.18	$224.59	$218.98	$214.17	$210.02
21.75%	$240.49	$232.72	$226.16	$220.57	$215.79	$211.67
22.00%	$242.00	$234.26	$227.73	$222.17	$217.41	$213.32
22.25%	$243.52	$235.81	$229.30	$223.77	$219.04	$214.97
22.50%	$245.04	$237.36	$230.88	$225.38	$220.68	$216.64
22.75%	$246.56	$238.91	$232.47	$226.99	$222.32	$218.30
23.00%	$248.09	$240.47	$234.06	$228.61	$223.96	$219.97
23.25%	$249.63	$242.04	$235.65	$230.23	$225.61	$221.65
23.50%	$251.17	$243.61	$237.25	$231.86	$227.27	$223.33
23.75%	$252.71	$245.18	$238.85	$233.49	$228.93	$225.02
24.00%	$254.26	$246.76	$240.46	$235.13	$230.59	$226.71
24.25%	$255.81	$248.34	$242.07	$236.77	$232.26	$228.40
24.50%	$257.37	$249.93	$243.69	$238.42	$233.94	$230.11
24.75%	$258.93	$251.52	$245.31	$240.07	$235.62	$231.81
25.00%	$260.49	$253.12	$246.94	$241.73	$237.30	$233.52
25.25%	$262.06	$254.72	$248.57	$243.39	$238.99	$235.24
25.50%	$263.63	$256.32	$250.21	$245.05	$240.68	$236.96
25.75%	$265.21	$257.93	$251.85	$246.72	$242.38	$238.68
26.00%	$266.79	$259.54	$253.49	$248.40	$244.08	$240.41
26.25%	$268.38	$261.16	$255.14	$250.07	$245.79	$242.14
26.50%	$269.97	$262.79	$256.79	$251.76	$247.50	$243.88
26.75%	$271.56	$264.41	$258.45	$253.44	$249.22	$245.63
27.00%	$273.16	$266.04	$260.11	$255.14	$250.94	$247.37
27.25%	$274.76	$267.68	$261.78	$256.83	$252.66	$249.12
27.50%	$276.37	$269.32	$263.45	$258.53	$254.39	$250.88
27.75%	$277.98	$270.96	$265.12	$260.24	$256.12	$252.64
28.00%	$279.59	$272.61	$266.80	$261.95	$257.86	$254.40
28.25%	$281.21	$274.26	$268.49	$263.66	$259.60	$256.17
28.50%	$282.83	$275.91	$270.17	$265.38	$261.35	$257.94
28.75%	$284.46	$277.57	$271.86	$267.10	$263.10	$259.72
29.00%	$286.09	$279.24	$273.56	$268.82	$264.85	$261.50
29.25%	$287.72	$280.90	$275.26	$270.55	$266.61	$263.29
29.50%	$289.36	$282.58	$276.96	$272.29	$268.37	$265.08
29.75%	$291.00	$284.25	$278.67	$274.02	$270.14	$266.87
30.00%	$292.65	$285.93	$280.38	$275.77	$271.91	$268.67

年金現值表（本息平均攤還）　114～144期、年利率0.25%～15.00%

年利率\期數(月)	114	120	126	132	138	144
0.25%	$88.77	$84.39	$80.42	$76.81	$73.52	$70.50
0.50%	$89.84	$85.45	$81.48	$77.88	$74.58	$71.56
0.75%	$90.91	$86.52	$82.56	$78.95	$75.66	$72.64
1.00%	$91.99	$87.60	$83.64	$80.03	$76.74	$73.72
1.25%	$93.08	$88.69	$84.73	$81.12	$77.83	$74.82
1.50%	$94.17	$89.79	$85.83	$82.23	$78.94	$75.93
1.75%	$95.28	$90.90	$86.94	$83.34	$80.05	$77.04
2.00%	$96.39	$92.01	$88.06	$84.46	$81.18	$78.17
2.25%	$97.51	$93.14	$89.18	$85.59	$82.31	$79.31
2.50%	$98.64	$94.27	$90.32	$86.73	$83.45	$80.45
2.75%	$99.78	$95.41	$91.46	$87.88	$84.61	$81.61
3.00%	$100.92	$96.56	$92.62	$89.04	$85.77	$82.78
3.25%	$102.07	$97.72	$93.78	$90.21	$86.94	$83.96
3.50%	$103.24	$98.89	$94.95	$91.38	$88.13	$85.15
3.75%	$104.41	$100.06	$96.14	$92.57	$89.32	$86.34
4.00%	$105.58	$101.25	$97.33	$93.77	$90.52	$87.55
4.25%	$106.77	$102.44	$98.52	$94.97	$91.73	$88.77
4.50%	$107.96	$103.64	$99.73	$96.19	$92.96	$90.00
4.75%	$109.17	$104.85	$100.95	$97.41	$94.19	$91.24
5.00%	$110.38	$106.07	$102.17	$98.64	$95.43	$92.49
5.25%	$111.59	$107.29	$103.41	$99.89	$96.68	$93.75
5.50%	$112.82	$108.53	$104.65	$101.14	$97.94	$95.02
5.75%	$114.05	$109.77	$105.90	$102.40	$99.21	$96.30
6.00%	$115.29	$111.02	$107.16	$103.67	$100.49	$97.59
6.25%	$116.54	$112.28	$108.43	$104.95	$101.78	$98.88
6.50%	$117.80	$113.55	$109.71	$106.24	$103.08	$100.19
6.75%	$119.07	$114.82	$111.00	$107.53	$104.39	$101.51
7.00%	$120.34	$116.11	$112.29	$108.84	$105.70	$102.84
7.25%	$121.62	$117.40	$113.60	$110.16	$107.03	$104.18
7.50%	$122.91	$118.70	$114.91	$111.48	$108.36	$105.52
7.75%	$124.21	$120.01	$116.23	$112.81	$109.71	$106.88
8.00%	$125.51	$121.33	$117.56	$114.15	$111.06	$108.25
8.25%	$126.83	$122.65	$118.90	$115.50	$112.43	$109.62
8.50%	$128.15	$123.99	$120.24	$116.86	$113.80	$111.01
8.75%	$129.47	$125.33	$121.60	$118.23	$115.18	$112.40
9.00%	$130.81	$126.68	$122.96	$119.61	$116.57	$113.80
9.25%	$132.15	$128.03	$124.33	$120.99	$117.97	$115.22
9.50%	$133.50	$129.40	$125.71	$122.39	$119.37	$116.64
9.75%	$134.86	$130.77	$127.10	$123.79	$120.79	$118.07
10.00%	$136.22	$132.15	$128.49	$125.20	$122.22	$119.51
10.25%	$137.60	$133.54	$129.90	$126.62	$123.65	$120.96
10.50%	$138.98	$134.93	$131.31	$128.04	$125.09	$122.41
10.75%	$140.37	$136.34	$132.73	$129.48	$126.54	$123.88
11.00%	$141.76	$137.75	$134.16	$130.92	$128.00	$125.36
11.25%	$143.16	$139.17	$135.59	$132.38	$129.47	$126.84
11.50%	$144.57	$140.60	$137.04	$133.84	$130.95	$128.33
11.75%	$145.99	$142.03	$138.49	$135.30	$132.43	$129.83
12.00%	$147.41	$143.47	$139.95	$136.78	$133.92	$131.34
12.25%	$148.84	$144.92	$141.41	$138.26	$135.43	$132.86
12.50%	$150.28	$146.38	$142.89	$139.75	$136.93	$134.39
12.75%	$151.73	$147.84	$144.37	$141.25	$138.45	$135.92
13.00%	$153.18	$149.31	$145.86	$142.76	$139.98	$137.46
13.25%	$154.64	$150.79	$147.35	$144.28	$141.51	$139.01
13.50%	$156.11	$152.27	$148.86	$145.80	$143.05	$140.57
13.75%	$157.58	$153.77	$150.37	$147.33	$144.60	$142.14
14.00%	$159.06	$155.27	$151.89	$148.87	$146.15	$143.71
14.25%	$160.55	$156.77	$153.41	$150.41	$147.72	$145.29
14.50%	$162.04	$158.29	$154.95	$151.96	$149.29	$146.88
14.75%	$163.54	$159.81	$156.49	$153.52	$150.87	$148.48
15.00%	$165.05	$161.33	$158.04	$155.09	$152.46	$150.09

年金現值表（本息平均攤還）　114～144期、年利率15.25%～30.00%

年利率\期數(月)	114	120	126	132	138	144
15.25%	$166.56	$162.87	$159.59	$156.67	$154.05	$151.70
15.50%	$168.08	$164.41	$161.15	$158.25	$155.65	$153.32
15.75%	$169.61	$165.96	$162.72	$159.84	$157.26	$154.95
16.00%	$171.14	$167.51	$164.30	$161.43	$158.87	$156.58
16.25%	$172.68	$169.07	$165.88	$163.03	$160.50	$158.22
16.50%	$174.23	$170.64	$167.47	$164.64	$162.13	$159.87
16.75%	$175.78	$172.22	$169.06	$166.26	$163.76	$161.53
17.00%	$177.34	$173.80	$170.66	$167.88	$165.41	$163.19
17.25%	$178.91	$175.39	$172.27	$169.51	$167.06	$164.86
17.50%	$180.48	$176.98	$173.89	$171.15	$168.71	$166.54
17.75%	$182.05	$178.58	$175.51	$172.79	$170.38	$168.22
18.00%	$183.64	$180.19	$177.14	$174.44	$172.05	$169.91
18.25%	$185.23	$181.80	$178.77	$176.10	$173.72	$171.61
18.50%	$186.82	$183.42	$180.41	$177.76	$175.41	$173.31
18.75%	$188.43	$185.04	$182.06	$179.43	$177.09	$175.02
19.00%	$190.03	$186.67	$183.71	$181.10	$178.79	$176.74
19.25%	$191.65	$188.31	$185.37	$182.78	$180.49	$178.46
19.50%	$193.27	$189.95	$187.04	$184.47	$182.20	$180.19
19.75%	$194.89	$191.60	$188.71	$186.16	$183.91	$181.92
20.00%	$196.52	$193.26	$190.39	$187.86	$185.63	$183.66
20.25%	$198.16	$194.92	$192.07	$189.57	$187.36	$185.41
20.50%	$199.80	$196.58	$193.76	$191.28	$189.09	$187.16
20.75%	$201.45	$198.25	$195.45	$193.00	$190.83	$188.92
21.00%	$203.11	$199.93	$197.15	$194.72	$192.57	$190.68
21.25%	$204.77	$201.61	$198.86	$196.45	$194.32	$192.45
21.50%	$206.43	$203.30	$200.57	$198.18	$196.08	$194.22
21.75%	$208.10	$205.00	$202.29	$199.92	$197.84	$196.00
22.00%	$209.78	$206.70	$204.01	$201.66	$199.60	$197.79
22.25%	$211.46	$208.40	$205.74	$203.41	$201.37	$199.58
22.50%	$213.14	$210.11	$207.47	$205.17	$203.15	$201.38
22.75%	$214.83	$211.83	$209.21	$206.93	$204.93	$203.18
23.00%	$216.53	$213.55	$210.95	$208.69	$206.72	$204.98
23.25%	$218.23	$215.27	$212.70	$210.46	$208.51	$206.80
23.50%	$219.94	$217.00	$214.46	$212.24	$210.30	$208.61
23.75%	$221.65	$218.74	$216.22	$214.02	$212.11	$210.43
24.00%	$223.37	$220.48	$217.98	$215.81	$213.91	$212.26
24.25%	$225.09	$222.23	$219.75	$217.60	$215.72	$214.09
24.50%	$226.81	$223.98	$221.52	$219.39	$217.54	$215.92
24.75%	$228.55	$225.73	$223.30	$221.19	$219.36	$217.76
25.00%	$230.28	$227.49	$225.08	$223.00	$221.19	$219.61
25.25%	$232.02	$229.26	$226.87	$224.81	$223.02	$221.46
25.50%	$233.77	$231.03	$228.66	$226.62	$224.85	$223.31
25.75%	$235.52	$232.80	$230.46	$228.44	$226.69	$225.17
26.00%	$237.27	$234.58	$232.26	$230.26	$228.53	$227.03
26.25%	$239.03	$236.36	$234.07	$232.09	$230.38	$228.90
26.50%	$240.80	$238.15	$235.88	$233.92	$232.23	$230.77
26.75%	$242.56	$239.94	$237.69	$235.76	$234.09	$232.64
27.00%	$244.34	$241.74	$239.51	$237.60	$235.95	$234.52
27.25%	$246.11	$243.54	$241.34	$239.44	$237.81	$236.40
27.50%	$247.89	$245.35	$243.16	$241.29	$239.68	$238.29
27.75%	$249.68	$247.15	$244.99	$243.14	$241.55	$240.18
28.00%	$251.47	$248.97	$246.83	$245.00	$243.43	$242.07
28.25%	$253.26	$250.79	$248.67	$246.86	$245.31	$243.97
28.50%	$255.06	$252.61	$250.51	$248.72	$247.19	$245.87
28.75%	$256.86	$254.43	$252.36	$250.59	$249.08	$247.78
29.00%	$258.67	$256.26	$254.21	$252.46	$250.97	$249.68
29.25%	$260.48	$258.10	$256.07	$254.34	$252.86	$251.60
29.50%	$262.29	$259.93	$257.93	$256.22	$254.76	$253.51
29.75%	$264.11	$261.77	$259.79	$258.10	$256.66	$255.43
30.00%	$265.93	$263.62	$261.66	$259.99	$258.56	$257.35

Let's Finance !

㊣國民理財系列叢書

年金現值表（本息平均攤還）　　150～180期、年利率0.25%～15.00%

年利率\期數(月)	150	156	162	168	174	180
0.25%	$67.72	$65.16	$62.78	$60.58	$58.53	$56.61
0.50%	$68.79	$66.22	$63.85	$61.64	$59.59	$57.68
0.75%	$69.86	$67.30	$64.93	$62.72	$60.67	$58.76
1.00%	$70.95	$68.39	$66.01	$63.81	$61.76	$59.85
1.25%	$72.05	$69.49	$67.12	$64.91	$62.87	$60.96
1.50%	$73.15	$70.60	$68.23	$66.03	$63.98	$62.07
1.75%	$74.27	$71.72	$69.35	$67.16	$65.11	$63.21
2.00%	$75.40	$72.85	$70.49	$68.29	$66.25	$64.35
2.25%	$76.54	$73.99	$71.63	$69.45	$67.41	$65.51
2.50%	$77.69	$75.15	$72.79	$70.61	$68.58	$66.68
2.75%	$78.86	$76.31	$73.96	$71.78	$69.75	$67.86
3.00%	$80.03	$77.49	$75.15	$72.97	$70.95	$69.06
3.25%	$81.21	$78.68	$76.34	$74.17	$72.15	$70.27
3.50%	$82.41	$79.88	$77.54	$75.38	$73.36	$71.49
3.75%	$83.61	$81.09	$78.76	$76.60	$74.59	$72.72
4.00%	$84.83	$82.31	$79.99	$77.83	$75.83	$73.97
4.25%	$86.05	$83.54	$81.23	$79.08	$77.09	$75.23
4.50%	$87.29	$84.79	$82.48	$80.34	$78.35	$76.50
4.75%	$88.53	$86.04	$83.74	$81.61	$79.63	$77.78
5.00%	$89.79	$87.31	$85.01	$82.89	$80.91	$79.08
5.25%	$91.06	$88.58	$86.30	$84.18	$82.21	$80.39
5.50%	$92.34	$89.87	$87.59	$85.48	$83.53	$81.71
5.75%	$93.62	$91.16	$88.90	$86.80	$84.85	$83.04
6.00%	$94.92	$92.47	$90.21	$88.12	$86.19	$84.39
6.25%	$96.23	$93.79	$91.54	$89.46	$87.53	$85.74
6.50%	$97.55	$95.12	$92.88	$90.81	$88.89	$87.11
6.75%	$98.88	$96.46	$94.23	$92.17	$90.26	$88.49
7.00%	$100.22	$97.81	$95.59	$93.54	$91.64	$89.88
7.25%	$101.56	$99.17	$96.96	$94.92	$93.04	$91.29
7.50%	$102.92	$100.54	$98.34	$96.31	$94.44	$92.70
7.75%	$104.29	$101.92	$99.73	$97.72	$95.85	$94.13
8.00%	$105.67	$103.31	$101.13	$99.13	$97.28	$95.57
8.25%	$107.06	$104.71	$102.55	$100.56	$98.72	$97.01
8.50%	$108.46	$106.12	$103.97	$101.99	$100.16	$98.47
8.75%	$109.86	$107.54	$105.40	$103.44	$101.62	$99.94
9.00%	$111.28	$108.97	$106.85	$104.89	$103.09	$101.43
9.25%	$112.71	$110.41	$108.30	$106.36	$104.57	$102.92
9.50%	$114.14	$111.86	$109.76	$107.84	$106.06	$104.42
9.75%	$115.59	$113.32	$111.24	$109.32	$107.56	$105.94
10.00%	$117.04	$114.78	$112.72	$110.82	$109.07	$107.46
10.25%	$118.50	$116.26	$114.21	$112.33	$110.59	$109.00
10.50%	$119.98	$117.75	$115.71	$113.84	$112.12	$110.54
10.75%	$121.46	$119.25	$117.22	$115.37	$113.66	$112.09
11.00%	$122.95	$120.75	$118.75	$116.91	$115.22	$113.66
11.25%	$124.45	$122.27	$120.28	$118.45	$116.78	$115.23
11.50%	$125.96	$123.79	$121.82	$120.01	$118.35	$116.82
11.75%	$127.47	$125.32	$123.36	$121.57	$119.92	$118.41
12.00%	$129.00	$126.87	$124.92	$123.14	$121.51	$120.02
12.25%	$130.53	$128.42	$126.49	$124.73	$123.11	$121.63
12.50%	$132.08	$129.98	$128.06	$126.32	$124.72	$123.25
12.75%	$133.63	$131.54	$129.65	$127.92	$126.33	$124.88
13.00%	$135.19	$133.12	$131.24	$129.53	$127.96	$126.52
13.25%	$136.75	$134.71	$132.84	$131.14	$129.59	$128.17
13.50%	$138.33	$136.30	$134.45	$132.77	$131.24	$129.83
13.75%	$139.92	$137.90	$136.07	$134.41	$132.89	$131.50
14.00%	$141.51	$139.51	$137.70	$136.05	$134.55	$133.17
14.25%	$143.11	$141.13	$139.33	$137.70	$136.21	$134.86
14.50%	$144.72	$142.75	$140.98	$139.36	$137.89	$136.55
14.75%	$146.33	$144.39	$142.63	$141.03	$139.57	$138.25
15.00%	$147.95	$146.03	$144.29	$142.70	$141.27	$139.96

年金現值表（本息平均攤還）　150～180期、年利率15.25%～30.00%

年利率\期數(月)	150	156	162	168	174	180
15.25%	$149.59	$147.68	$145.95	$144.39	$142.97	$141.67
15.50%	$151.22	$149.33	$147.63	$146.08	$144.68	$143.40
15.75%	$152.87	$151.00	$149.31	$147.78	$146.39	$145.13
16.00%	$154.52	$152.67	$151.00	$149.48	$148.11	$146.87
16.25%	$156.18	$154.35	$152.69	$151.20	$149.84	$148.62
16.50%	$157.85	$156.04	$154.40	$152.92	$151.58	$150.37
16.75%	$159.53	$157.73	$156.11	$154.65	$153.33	$152.13
17.00%	$161.21	$159.43	$157.83	$156.38	$155.08	$153.90
17.25%	$162.90	$161.14	$159.55	$158.13	$156.84	$155.68
17.50%	$164.59	$162.85	$161.29	$159.88	$158.61	$157.46
17.75%	$166.30	$164.57	$163.02	$161.63	$160.38	$159.25
18.00%	$168.01	$166.30	$164.77	$163.40	$162.16	$161.04
18.25%	$169.72	$168.03	$166.52	$165.16	$163.94	$162.84
18.50%	$171.44	$169.78	$168.28	$166.94	$165.74	$164.65
18.75%	$173.17	$171.52	$170.05	$168.72	$167.53	$166.47
19.00%	$174.91	$173.28	$171.82	$170.51	$169.34	$168.29
19.25%	$176.65	$175.04	$173.60	$172.31	$171.15	$170.11
19.50%	$178.40	$176.80	$175.38	$174.11	$172.97	$171.95
19.75%	$180.15	$178.57	$177.17	$175.91	$174.79	$173.79
20.00%	$181.91	$180.35	$178.96	$177.73	$176.62	$175.63
20.25%	$183.68	$182.14	$180.77	$179.54	$178.45	$177.48
20.50%	$185.45	$183.93	$182.57	$181.37	$180.29	$179.33
20.75%	$187.22	$185.72	$184.39	$183.20	$182.14	$181.20
21.00%	$189.01	$187.52	$186.21	$185.03	$183.99	$183.06
21.25%	$190.79	$189.33	$188.03	$186.87	$185.85	$184.93
21.50%	$192.59	$191.14	$189.86	$188.72	$187.71	$186.81
21.75%	$194.39	$192.96	$191.69	$190.57	$189.58	$188.69
22.00%	$196.19	$194.78	$193.53	$192.43	$191.45	$190.58
22.25%	$198.00	$196.61	$195.38	$194.29	$193.32	$192.47
22.50%	$199.82	$198.44	$197.23	$196.15	$195.20	$194.36
22.75%	$201.64	$200.28	$199.08	$198.03	$197.09	$196.26
23.00%	$203.46	$202.12	$200.94	$199.90	$198.98	$198.17
23.25%	$205.29	$203.97	$202.81	$201.78	$200.88	$200.08
23.50%	$207.13	$205.82	$204.68	$203.67	$202.77	$201.99
23.75%	$208.97	$207.68	$206.55	$205.56	$204.68	$203.91
24.00%	$210.81	$209.54	$208.43	$207.45	$206.59	$205.83
24.25%	$212.66	$211.41	$210.31	$209.35	$208.50	$207.75
24.50%	$214.51	$213.28	$212.20	$211.25	$210.42	$209.68
24.75%	$216.37	$215.15	$214.09	$213.16	$212.34	$211.62
25.00%	$218.23	$217.03	$215.98	$215.07	$214.26	$213.55
25.25%	$220.10	$218.92	$217.88	$216.98	$216.19	$215.49
25.50%	$221.97	$220.81	$219.79	$218.90	$218.12	$217.44
25.75%	$223.85	$222.70	$221.70	$220.82	$220.06	$219.39
26.00%	$225.73	$224.59	$223.61	$222.75	$221.99	$221.34
26.25%	$227.61	$226.49	$225.52	$224.68	$223.94	$223.29
26.50%	$229.50	$228.40	$227.44	$226.61	$225.88	$225.25
26.75%	$231.39	$230.31	$229.36	$228.55	$227.83	$227.21
27.00%	$233.29	$232.22	$231.29	$230.49	$229.79	$229.18
27.25%	$235.19	$234.13	$233.22	$232.43	$231.74	$231.14
27.50%	$237.09	$236.05	$235.15	$234.38	$233.70	$233.11
27.75%	$239.00	$237.97	$237.09	$236.33	$235.66	$235.09
28.00%	$240.91	$239.90	$239.03	$238.28	$237.63	$237.06
28.25%	$242.82	$241.83	$240.97	$240.24	$239.60	$239.04
28.50%	$244.74	$243.76	$242.92	$242.19	$241.57	$241.02
28.75%	$246.66	$245.70	$244.87	$244.16	$243.54	$243.01
29.00%	$248.58	$247.64	$246.82	$246.12	$245.52	$245.00
29.25%	$250.51	$249.58	$248.78	$248.09	$247.50	$246.99
29.50%	$252.44	$251.52	$250.74	$250.06	$249.48	$248.98
29.75%	$254.38	$253.47	$252.70	$252.03	$251.46	$250.97
30.00%	$256.31	$255.42	$254.66	$254.01	$253.45	$252.97

年金現值表（本息平均攤還）　186～216期、年利率0.25%～15.00%

年利率\期數(月)	186	192	198	204	210	216
0.25%	$54.82	$53.14	$51.56	$50.07	$48.67	$47.35
0.50%	$55.88	$54.21	$52.63	$51.14	$49.74	$48.42
0.75%	$56.97	$55.29	$53.71	$52.23	$50.83	$49.51
1.00%	$58.06	$56.38	$54.81	$53.32	$51.93	$50.61
1.25%	$59.17	$57.49	$55.92	$54.44	$53.04	$51.72
1.50%	$60.29	$58.62	$57.04	$55.57	$54.17	$52.86
1.75%	$61.42	$59.75	$58.18	$56.71	$55.32	$54.00
2.00%	$62.57	$60.90	$59.34	$57.86	$56.48	$55.17
2.25%	$63.73	$62.07	$60.51	$59.04	$57.65	$56.35
2.50%	$64.91	$63.25	$61.69	$60.22	$58.84	$57.54
2.75%	$66.09	$64.44	$62.88	$61.42	$60.05	$58.75
3.00%	$67.29	$65.64	$64.09	$62.64	$61.27	$59.97
3.25%	$68.51	$66.86	$65.32	$63.87	$62.50	$61.21
3.50%	$69.74	$68.09	$66.56	$65.11	$63.75	$62.47
3.75%	$70.98	$69.34	$67.81	$66.37	$65.01	$63.74
4.00%	$72.23	$70.60	$69.07	$67.64	$66.29	$65.02
4.25%	$73.49	$71.87	$70.35	$68.93	$67.58	$66.32
4.50%	$74.77	$73.16	$71.64	$70.22	$68.89	$67.63
4.75%	$76.06	$74.46	$72.95	$71.54	$70.21	$68.96
5.00%	$77.37	$75.77	$74.27	$72.87	$71.55	$70.30
5.25%	$78.68	$77.09	$75.60	$74.21	$72.89	$71.66
5.50%	$80.01	$78.43	$76.95	$75.56	$74.26	$73.03
5.75%	$81.35	$79.78	$78.31	$76.93	$75.63	$74.42
6.00%	$82.71	$81.14	$79.68	$78.31	$77.02	$75.82
6.25%	$84.07	$82.52	$81.07	$79.70	$78.43	$77.23
6.50%	$85.45	$83.91	$82.46	$81.11	$79.85	$78.66
6.75%	$86.84	$85.31	$83.87	$82.53	$81.28	$80.10
7.00%	$88.25	$86.72	$85.30	$83.97	$82.72	$81.55
7.25%	$89.66	$88.15	$86.73	$85.41	$84.18	$83.02
7.50%	$91.09	$89.58	$88.18	$86.87	$85.65	$84.50
7.75%	$92.52	$91.03	$89.64	$88.34	$87.13	$85.99
8.00%	$93.97	$92.49	$91.11	$89.83	$88.62	$87.50
8.25%	$95.43	$93.97	$92.60	$91.32	$90.13	$89.01
8.50%	$96.91	$95.45	$94.09	$92.83	$91.65	$90.55
8.75%	$98.39	$96.94	$95.60	$94.35	$93.18	$92.09
9.00%	$99.88	$98.45	$97.12	$95.88	$94.72	$93.64
9.25%	$101.39	$99.97	$98.65	$97.42	$96.28	$95.21
9.50%	$102.91	$101.50	$100.19	$98.98	$97.85	$96.79
9.75%	$104.43	$103.04	$101.75	$100.54	$99.43	$98.38
10.00%	$105.97	$104.59	$103.31	$102.12	$101.01	$99.98
10.25%	$107.52	$106.15	$104.89	$103.71	$102.62	$101.60
10.50%	$109.08	$107.72	$106.47	$105.31	$104.23	$103.22
10.75%	$110.65	$109.31	$108.07	$106.92	$105.85	$104.86
11.00%	$112.23	$110.90	$109.67	$108.54	$107.48	$106.50
11.25%	$113.81	$112.50	$111.29	$110.17	$109.13	$108.16
11.50%	$115.41	$114.12	$112.92	$111.81	$110.78	$109.83
11.75%	$117.02	$115.74	$114.56	$113.46	$112.45	$111.51
12.00%	$118.64	$117.37	$116.20	$115.12	$114.12	$113.20
12.25%	$120.27	$119.02	$117.86	$116.79	$115.81	$114.89
12.50%	$121.91	$120.67	$119.53	$118.47	$117.50	$116.60
12.75%	$123.55	$122.33	$121.20	$120.16	$119.20	$118.32
13.00%	$125.21	$124.00	$122.89	$121.86	$120.92	$120.04
13.25%	$126.87	$125.68	$124.58	$123.57	$122.64	$121.78
13.50%	$128.55	$127.37	$126.28	$125.29	$124.37	$123.52
13.75%	$130.23	$129.06	$128.00	$127.01	$126.11	$125.28
14.00%	$131.92	$130.77	$129.72	$128.75	$127.86	$127.04
14.25%	$133.62	$132.48	$131.44	$130.49	$129.61	$128.81
14.50%	$135.33	$134.21	$133.18	$132.24	$131.38	$130.59
14.75%	$137.04	$135.94	$134.93	$134.00	$133.15	$132.37
15.00%	$138.77	$137.68	$136.68	$135.77	$134.94	$134.17

年金現值表（本息平均攤還）　186～216期、年利率15.25%～30.00%

年利率\期數(月)	186	192	198	204	210	216
15.25%	$140.50	$139.42	$138.44	$137.55	$136.72	$135.97
15.50%	$142.24	$141.18	$140.21	$139.33	$138.52	$137.78
15.75%	$143.98	$142.94	$141.99	$141.12	$140.33	$139.60
16.00%	$145.74	$144.71	$143.77	$142.92	$142.14	$141.42
16.25%	$147.50	$146.49	$145.57	$144.72	$143.96	$143.26
16.50%	$149.27	$148.27	$147.36	$146.54	$145.78	$145.10
16.75%	$151.05	$150.06	$149.17	$148.36	$147.62	$146.94
17.00%	$152.83	$151.86	$150.98	$150.18	$149.46	$148.79
17.25%	$154.62	$153.67	$152.80	$152.02	$151.30	$150.65
17.50%	$156.42	$155.48	$154.63	$153.86	$153.16	$152.52
17.75%	$158.22	$157.30	$156.46	$155.70	$155.02	$154.39
18.00%	$160.04	$159.13	$158.30	$157.56	$156.88	$156.27
18.25%	$161.85	$160.96	$160.15	$159.42	$158.75	$158.15
18.50%	$163.68	$162.80	$162.00	$161.28	$160.63	$160.04
18.75%	$165.51	$164.64	$163.86	$163.15	$162.51	$161.94
19.00%	$167.34	$166.49	$165.72	$165.03	$164.40	$163.84
19.25%	$169.18	$168.35	$167.59	$166.91	$166.30	$165.74
19.50%	$171.03	$170.21	$169.47	$168.80	$168.20	$167.66
19.75%	$172.88	$172.07	$171.35	$170.69	$170.10	$169.57
20.00%	$174.74	$173.95	$173.23	$172.59	$172.01	$171.49
20.25%	$176.61	$175.82	$175.12	$174.49	$173.93	$173.42
20.50%	$178.48	$177.71	$177.02	$176.40	$175.85	$175.35
20.75%	$180.35	$179.60	$178.92	$178.32	$177.77	$177.29
21.00%	$182.23	$181.49	$180.83	$180.23	$179.70	$179.23
21.25%	$184.12	$183.39	$182.74	$182.16	$181.64	$181.17
21.50%	$186.01	$185.29	$184.65	$184.08	$183.57	$183.12
21.75%	$187.90	$187.20	$186.57	$186.02	$185.52	$185.07
22.00%	$189.80	$189.11	$188.50	$187.95	$187.46	$187.03
22.25%	$191.71	$191.03	$190.43	$189.89	$189.41	$188.99
22.50%	$193.61	$192.95	$192.36	$191.84	$191.37	$190.95
22.75%	$195.53	$194.88	$194.30	$193.78	$193.33	$192.92
23.00%	$197.45	$196.81	$196.24	$195.74	$195.29	$194.89
23.25%	$199.37	$198.74	$198.19	$197.69	$197.26	$196.87
23.50%	$201.29	$200.68	$200.13	$199.65	$199.23	$198.85
23.75%	$203.22	$202.62	$202.09	$201.62	$201.20	$200.83
24.00%	$205.16	$204.57	$204.04	$203.58	$203.18	$202.81
24.25%	$207.10	$206.52	$206.01	$205.55	$205.16	$204.80
24.50%	$209.04	$208.47	$207.97	$207.53	$207.14	$206.79
24.75%	$210.98	$210.43	$209.94	$209.50	$209.12	$208.79
25.00%	$212.93	$212.39	$211.91	$211.48	$211.11	$210.79
25.25%	$214.88	$214.35	$213.88	$213.47	$213.10	$212.79
25.50%	$216.84	$216.32	$215.86	$215.45	$215.10	$214.79
25.75%	$218.80	$218.29	$217.84	$217.44	$217.10	$216.79
26.00%	$220.76	$220.26	$219.82	$219.44	$219.10	$218.80
26.25%	$222.73	$222.24	$221.81	$221.43	$221.10	$220.81
26.50%	$224.70	$224.22	$223.80	$223.43	$223.11	$222.82
26.75%	$226.67	$226.20	$225.79	$225.43	$225.11	$224.84
27.00%	$228.65	$228.18	$227.78	$227.43	$227.12	$226.86
27.25%	$230.62	$230.17	$229.78	$229.43	$229.14	$228.87
27.50%	$232.60	$232.16	$231.78	$231.44	$231.15	$230.90
27.75%	$234.59	$234.16	$233.78	$233.45	$233.17	$232.92
28.00%	$236.58	$236.15	$235.78	$235.46	$235.19	$234.94
28.25%	$238.56	$238.15	$237.79	$237.48	$237.21	$236.97
28.50%	$240.56	$240.15	$239.80	$239.49	$239.23	$239.00
28.75%	$242.55	$242.15	$241.81	$241.51	$241.26	$241.03
29.00%	$244.54	$244.16	$243.82	$243.53	$243.28	$243.07
29.25%	$246.55	$246.17	$245.84	$245.56	$245.31	$245.10
29.50%	$248.55	$248.18	$247.86	$247.58	$247.34	$247.14
29.75%	$250.55	$250.19	$249.87	$249.61	$249.37	$249.17
30.00%	$252.56	$252.20	$251.90	$251.63	$251.41	$251.21

年金現值表（本息平均攤還）　222～252期、年利率0.25%～15.00%

年利率\期數(月)	222	228	234	240	246	252
0.25%	$46.10	$44.91	$43.79	$42.72	$41.71	$40.74
0.50%	$47.17	$45.99	$44.86	$43.79	$42.78	$41.81
0.75%	$48.26	$47.07	$45.95	$44.88	$43.87	$42.90
1.00%	$49.36	$48.18	$47.05	$45.99	$44.98	$44.01
1.25%	$50.48	$49.30	$48.18	$47.11	$46.10	$45.14
1.50%	$51.61	$50.43	$49.32	$48.25	$47.25	$46.28
1.75%	$52.76	$51.59	$50.47	$49.41	$48.41	$47.45
2.00%	$53.93	$52.76	$51.64	$50.59	$49.58	$48.63
2.25%	$55.11	$53.94	$52.83	$51.78	$50.78	$49.83
2.50%	$56.31	$55.14	$54.04	$52.99	$51.99	$51.05
2.75%	$57.52	$56.36	$55.26	$54.22	$53.23	$52.28
3.00%	$58.75	$57.59	$56.50	$55.46	$54.47	$53.53
3.25%	$59.99	$58.84	$57.75	$56.72	$55.74	$54.80
3.50%	$61.25	$60.11	$59.02	$58.00	$57.02	$56.09
3.75%	$62.53	$61.39	$60.31	$59.29	$58.32	$57.40
4.00%	$63.82	$62.69	$61.61	$60.60	$59.63	$58.72
4.25%	$65.13	$64.00	$62.93	$61.92	$60.97	$60.06
4.50%	$66.45	$65.33	$64.27	$63.26	$62.31	$61.41
4.75%	$67.78	$66.67	$65.62	$64.62	$63.68	$62.78
5.00%	$69.13	$68.03	$66.98	$66.00	$65.06	$64.17
5.25%	$70.50	$69.40	$68.36	$67.38	$66.46	$65.58
5.50%	$71.88	$70.79	$69.76	$68.79	$67.87	$67.00
5.75%	$73.27	$72.19	$71.17	$70.21	$69.30	$68.43
6.00%	$74.68	$73.61	$72.60	$71.64	$70.74	$69.89
6.25%	$76.10	$75.04	$74.04	$73.09	$72.20	$71.35
6.50%	$77.54	$76.49	$75.49	$74.56	$73.67	$72.84
6.75%	$78.99	$77.95	$76.96	$76.04	$75.16	$74.33
7.00%	$80.45	$79.42	$78.45	$77.53	$76.66	$75.85
7.25%	$81.93	$80.91	$79.94	$79.04	$78.18	$77.37
7.50%	$83.42	$82.41	$81.46	$80.56	$79.71	$78.92
7.75%	$84.92	$83.92	$82.98	$82.09	$81.26	$80.47
8.00%	$86.44	$85.45	$84.52	$83.64	$82.82	$82.04
8.25%	$87.97	$86.99	$86.07	$85.21	$84.39	$83.63
8.50%	$89.51	$88.54	$87.64	$86.78	$85.98	$85.22
8.75%	$91.07	$90.11	$89.21	$88.37	$87.58	$86.83
9.00%	$92.63	$91.69	$90.80	$89.97	$89.19	$88.46
9.25%	$94.21	$93.28	$92.41	$91.59	$90.82	$90.09
9.50%	$95.81	$94.88	$94.02	$93.21	$92.46	$91.74
9.75%	$97.41	$96.50	$95.65	$94.85	$94.11	$93.40
10.00%	$99.02	$98.13	$97.29	$96.50	$95.77	$95.08
10.25%	$100.65	$99.76	$98.94	$98.16	$97.44	$96.76
10.50%	$102.29	$101.41	$100.60	$99.84	$99.13	$98.46
10.75%	$103.94	$103.07	$102.27	$101.52	$100.82	$100.17
11.00%	$105.59	$104.75	$103.96	$103.22	$102.53	$101.89
11.25%	$107.26	$106.43	$105.65	$104.93	$104.25	$103.62
11.50%	$108.94	$108.12	$107.36	$106.64	$105.98	$105.36
11.75%	$110.64	$109.83	$109.07	$108.37	$107.72	$107.11
12.00%	$112.34	$111.54	$110.80	$110.11	$109.47	$108.87
12.25%	$114.05	$113.26	$112.53	$111.86	$111.23	$110.64
12.50%	$115.77	$115.00	$114.28	$113.61	$113.00	$112.42
12.75%	$117.50	$116.74	$116.03	$115.38	$114.78	$114.21
13.00%	$119.24	$118.49	$117.80	$117.16	$116.56	$116.01
13.25%	$120.98	$120.25	$119.57	$118.94	$118.36	$117.82
13.50%	$122.74	$122.02	$121.35	$120.74	$120.17	$119.64
13.75%	$124.51	$123.80	$123.15	$122.54	$121.98	$121.46
14.00%	$126.28	$125.59	$124.95	$124.35	$123.80	$123.30
14.25%	$128.07	$127.38	$126.75	$126.17	$125.63	$125.14
14.50%	$129.86	$129.19	$128.57	$128.00	$127.47	$126.99
14.75%	$131.66	$131.00	$130.39	$129.84	$129.32	$128.85
15.00%	$133.47	$132.82	$132.23	$131.68	$131.18	$130.71

年金現值表（本息平均攤還） 222～252期、年利率15.25%～30.00%

年利率\期數(月)	222	228	234	240	246	252
15.25%	$135.28	$134.65	$134.07	$133.53	$133.04	$132.58
15.50%	$137.10	$136.48	$135.91	$135.39	$134.91	$134.46
15.75%	$138.93	$138.33	$137.77	$137.25	$136.78	$136.35
16.00%	$140.77	$140.17	$139.63	$139.13	$138.67	$138.24
16.25%	$142.62	$142.03	$141.50	$141.00	$140.55	$140.14
16.50%	$144.47	$143.89	$143.37	$142.89	$142.45	$142.05
16.75%	$146.33	$145.76	$145.25	$144.78	$144.35	$143.96
17.00%	$148.19	$147.64	$147.14	$146.68	$146.26	$145.88
17.25%	$150.06	$149.52	$149.03	$148.58	$148.18	$147.80
17.50%	$151.94	$151.41	$150.93	$150.49	$150.10	$149.73
17.75%	$153.82	$153.31	$152.84	$152.41	$152.02	$151.67
18.00%	$155.71	$155.21	$154.75	$154.33	$153.95	$153.61
18.25%	$157.61	$157.11	$156.67	$156.26	$155.89	$155.55
18.50%	$159.51	$159.03	$158.59	$158.19	$157.83	$157.50
18.75%	$161.42	$160.94	$160.51	$160.13	$159.77	$159.45
19.00%	$163.33	$162.87	$162.45	$162.07	$161.73	$161.41
19.25%	$165.24	$164.79	$164.38	$164.02	$163.68	$163.38
19.50%	$167.17	$166.73	$166.33	$165.97	$165.64	$165.35
19.75%	$169.09	$168.66	$168.27	$167.92	$167.61	$167.32
20.00%	$171.03	$170.60	$170.22	$169.88	$169.57	$169.29
20.25%	$172.96	$172.55	$172.18	$171.85	$171.55	$171.28
20.50%	$174.90	$174.50	$174.14	$173.82	$173.52	$173.26
20.75%	$176.85	$176.46	$176.10	$175.79	$175.50	$175.25
21.00%	$178.80	$178.42	$178.07	$177.76	$177.49	$177.24
21.25%	$180.75	$180.38	$180.04	$179.74	$179.47	$179.23
21.50%	$182.71	$182.35	$182.02	$181.73	$181.47	$181.23
21.75%	$184.67	$184.32	$184.00	$183.72	$183.46	$183.23
22.00%	$186.64	$186.29	$185.98	$185.71	$185.46	$185.24
22.25%	$188.61	$188.27	$187.97	$187.70	$187.46	$187.24
22.50%	$190.58	$190.25	$189.96	$189.70	$189.46	$189.25
22.75%	$192.56	$192.24	$191.95	$191.70	$191.47	$191.27
23.00%	$194.54	$194.23	$193.95	$193.70	$193.48	$193.28
23.25%	$196.53	$196.22	$195.95	$195.71	$195.49	$195.30
23.50%	$198.51	$198.21	$197.95	$197.72	$197.51	$197.32
23.75%	$200.50	$200.21	$199.95	$199.73	$199.52	$199.34
24.00%	$202.50	$202.21	$201.96	$201.74	$201.54	$201.37
24.25%	$204.49	$204.22	$203.97	$203.76	$203.57	$203.40
24.50%	$206.49	$206.22	$205.99	$205.78	$205.59	$205.43
24.75%	$208.49	$208.23	$208.00	$207.80	$207.62	$207.46
25.00%	$210.50	$210.24	$210.02	$209.82	$209.65	$209.49
25.25%	$212.50	$212.26	$212.04	$211.85	$211.68	$211.53
25.50%	$214.51	$214.27	$214.06	$213.88	$213.71	$213.57
25.75%	$216.53	$216.29	$216.09	$215.91	$215.75	$215.61
26.00%	$218.54	$218.31	$218.11	$217.94	$217.78	$217.65
26.25%	$220.56	$220.34	$220.14	$219.97	$219.82	$219.69
26.50%	$222.58	$222.36	$222.17	$222.01	$221.86	$221.74
26.75%	$224.60	$224.39	$224.21	$224.04	$223.90	$223.78
27.00%	$226.62	$226.42	$226.24	$226.08	$225.95	$225.83
27.25%	$228.65	$228.45	$228.28	$228.13	$227.99	$227.88
27.50%	$230.67	$230.48	$230.31	$230.17	$230.04	$229.93
27.75%	$232.70	$232.52	$232.35	$232.21	$232.09	$231.98
28.00%	$234.74	$234.55	$234.39	$234.26	$234.14	$234.03
28.25%	$236.77	$236.59	$236.44	$236.30	$236.19	$236.09
28.50%	$238.80	$238.63	$238.48	$238.35	$238.24	$238.14
28.75%	$240.84	$240.67	$240.53	$240.40	$240.29	$240.20
29.00%	$242.88	$242.72	$242.57	$242.45	$242.35	$242.26
29.25%	$244.92	$244.76	$244.62	$244.51	$244.40	$244.32
29.50%	$246.96	$246.81	$246.67	$246.56	$246.46	$246.37
29.75%	$249.00	$248.85	$248.72	$248.61	$248.52	$248.44
30.00%	$251.04	$250.90	$250.78	$250.67	$250.58	$250.50

年金現值表（本息平均攤還）　258～288期、年利率0.25%～15.00%

年利率\期數(月)	258	264	270	276	282	288
0.25%	$39.81	$38.93	$38.09	$37.29	$36.52	$35.78
0.50%	$40.89	$40.01	$39.17	$38.36	$37.59	$36.85
0.75%	$41.98	$41.10	$40.26	$39.46	$38.69	$37.95
1.00%	$43.09	$42.21	$41.38	$40.57	$39.81	$39.07
1.25%	$44.22	$43.35	$42.51	$41.71	$40.94	$40.21
1.50%	$45.37	$44.50	$43.66	$42.86	$42.10	$41.37
1.75%	$46.54	$45.66	$44.83	$44.04	$43.28	$42.55
2.00%	$47.72	$46.85	$46.02	$45.23	$44.47	$43.75
2.25%	$48.92	$48.06	$47.23	$46.45	$45.69	$44.97
2.50%	$50.14	$49.28	$48.46	$47.68	$46.93	$46.21
2.75%	$51.38	$50.53	$49.71	$48.93	$48.18	$47.47
3.00%	$52.64	$51.79	$50.98	$50.20	$49.46	$48.75
3.25%	$53.92	$53.07	$52.26	$51.49	$50.76	$50.05
3.50%	$55.21	$54.37	$53.57	$52.80	$52.07	$51.37
3.75%	$56.52	$55.68	$54.89	$54.13	$53.40	$52.71
4.00%	$57.85	$57.02	$56.23	$55.48	$54.76	$54.07
4.25%	$59.19	$58.37	$57.59	$56.84	$56.13	$55.45
4.50%	$60.55	$59.74	$58.96	$58.22	$57.52	$56.84
4.75%	$61.93	$61.12	$60.36	$59.62	$58.92	$58.26
5.00%	$63.33	$62.53	$61.77	$61.04	$60.35	$59.69
5.25%	$64.74	$63.95	$63.19	$62.48	$61.79	$61.14
5.50%	$66.17	$65.38	$64.64	$63.93	$63.25	$62.61
5.75%	$67.61	$66.84	$66.10	$65.40	$64.73	$64.09
6.00%	$69.08	$68.31	$67.58	$66.88	$66.23	$65.60
6.25%	$70.55	$69.79	$69.07	$68.39	$67.74	$67.12
6.50%	$72.04	$71.29	$70.58	$69.91	$69.26	$68.65
6.75%	$73.55	$72.81	$72.11	$71.44	$70.81	$70.21
7.00%	$75.07	$74.34	$73.65	$72.99	$72.37	$71.78
7.25%	$76.61	$75.89	$75.21	$74.56	$73.94	$73.36
7.50%	$78.16	$77.45	$76.78	$76.14	$75.53	$74.96
7.75%	$79.73	$79.03	$78.36	$77.73	$77.14	$76.58
8.00%	$81.31	$80.62	$79.96	$79.35	$78.76	$78.21
8.25%	$82.90	$82.22	$81.58	$80.97	$80.39	$79.85
8.50%	$84.51	$83.84	$83.21	$82.61	$82.04	$81.51
8.75%	$86.13	$85.47	$84.85	$84.26	$83.71	$83.18
9.00%	$87.77	$87.12	$86.50	$85.93	$85.38	$84.87
9.25%	$89.41	$88.78	$88.17	$87.61	$87.07	$86.57
9.50%	$91.07	$90.45	$89.85	$89.30	$88.77	$88.28
9.75%	$92.75	$92.13	$91.55	$91.00	$90.49	$90.00
10.00%	$94.43	$93.82	$93.25	$92.72	$92.21	$91.74
10.25%	$96.13	$95.53	$94.97	$94.45	$93.95	$93.49
10.50%	$97.84	$97.25	$96.70	$96.19	$95.70	$95.25
10.75%	$99.56	$98.98	$98.44	$97.94	$97.46	$97.02
11.00%	$101.29	$100.72	$100.19	$99.70	$99.24	$98.80
11.25%	$103.03	$102.47	$101.96	$101.47	$101.02	$100.60
11.50%	$104.78	$104.24	$103.73	$103.26	$102.82	$102.40
11.75%	$106.54	$106.01	$105.52	$105.05	$104.62	$104.21
12.00%	$108.31	$107.79	$107.31	$106.86	$106.43	$106.04
12.25%	$110.10	$109.59	$109.11	$108.67	$108.26	$107.87
12.50%	$111.89	$111.39	$110.93	$110.49	$110.09	$109.71
12.75%	$113.69	$113.20	$112.75	$112.33	$111.93	$111.57
13.00%	$115.50	$115.02	$114.58	$114.17	$113.78	$113.43
13.25%	$117.32	$116.85	$116.42	$116.02	$115.64	$115.30
13.50%	$119.15	$118.69	$118.27	$117.88	$117.51	$117.17
13.75%	$120.98	$120.54	$120.13	$119.74	$119.39	$119.06
14.00%	$122.83	$122.39	$121.99	$121.62	$121.27	$120.95
14.25%	$124.68	$124.26	$123.86	$123.50	$123.16	$122.85
14.50%	$126.54	$126.13	$125.74	$125.39	$125.06	$124.76
14.75%	$128.41	$128.00	$127.63	$127.29	$126.97	$126.67
15.00%	$130.28	$129.89	$129.53	$129.19	$128.88	$128.59

年金現值表（本息平均攤還）　258～288期、年利率15.25%～30.00%

年利率\期數(月)	258	264	270	276	282	288
15.25%	$132.17	$131.78	$131.43	$131.10	$130.80	$130.52
15.50%	$134.06	$133.68	$133.34	$133.02	$132.72	$132.45
15.75%	$135.95	$135.59	$135.25	$134.94	$134.66	$134.39
16.00%	$137.86	$137.50	$137.17	$136.87	$136.59	$136.34
16.25%	$139.76	$139.42	$139.10	$138.81	$138.54	$138.29
16.50%	$141.68	$141.34	$141.03	$140.75	$140.49	$140.25
16.75%	$143.60	$143.27	$142.97	$142.69	$142.44	$142.21
17.00%	$145.53	$145.21	$144.91	$144.65	$144.40	$144.18
17.25%	$147.46	$147.15	$146.86	$146.60	$146.36	$146.15
17.50%	$149.40	$149.10	$148.82	$148.57	$148.33	$148.12
17.75%	$151.34	$151.05	$150.78	$150.53	$150.31	$150.10
18.00%	$153.29	$153.00	$152.74	$152.50	$152.29	$152.09
18.25%	$155.24	$154.97	$154.71	$154.48	$154.27	$154.08
18.50%	$157.20	$156.93	$156.68	$156.46	$156.26	$156.07
18.75%	$159.16	$158.90	$158.66	$158.45	$158.25	$158.07
19.00%	$161.13	$160.88	$160.64	$160.43	$160.24	$160.07
19.25%	$163.10	$162.86	$162.63	$162.43	$162.24	$162.07
19.50%	$165.08	$164.84	$164.62	$164.42	$164.24	$164.08
19.75%	$167.06	$166.83	$166.61	$166.42	$166.25	$166.09
20.00%	$169.04	$168.82	$168.61	$168.43	$168.26	$168.11
20.25%	$171.03	$170.81	$170.61	$170.43	$170.27	$170.12
20.50%	$173.02	$172.81	$172.61	$172.44	$172.28	$172.14
20.75%	$175.02	$174.81	$174.62	$174.45	$174.30	$174.17
21.00%	$177.01	$176.81	$176.63	$176.47	$176.32	$176.19
21.25%	$179.02	$178.82	$178.65	$178.49	$178.35	$178.22
21.50%	$181.02	$180.83	$180.66	$180.51	$180.37	$180.25
21.75%	$183.03	$182.84	$182.68	$182.53	$182.40	$182.28
22.00%	$185.04	$184.86	$184.70	$184.56	$184.43	$184.32
22.25%	$187.05	$186.88	$186.73	$186.59	$186.47	$186.36
22.50%	$189.07	$188.90	$188.75	$188.62	$188.50	$188.39
22.75%	$191.09	$190.92	$190.78	$190.65	$190.54	$190.44
23.00%	$193.11	$192.95	$192.81	$192.69	$192.58	$192.48
23.25%	$195.13	$194.98	$194.85	$194.73	$194.62	$194.52
23.50%	$197.16	$197.01	$196.88	$196.77	$196.66	$196.57
23.75%	$199.19	$199.04	$198.92	$198.81	$198.71	$198.62
24.00%	$201.22	$201.08	$200.96	$200.85	$200.75	$200.67
24.25%	$203.25	$203.12	$203.00	$202.89	$202.80	$202.72
24.50%	$205.28	$205.15	$205.04	$204.94	$204.85	$204.77
24.75%	$207.32	$207.20	$207.09	$206.99	$206.90	$206.83
25.00%	$209.36	$209.24	$209.13	$209.04	$208.96	$208.88
25.25%	$211.40	$211.28	$211.18	$211.09	$211.01	$210.94
25.50%	$213.44	$213.33	$213.23	$213.14	$213.07	$213.00
25.75%	$215.48	$215.38	$215.28	$215.20	$215.12	$215.06
26.00%	$217.53	$217.42	$217.33	$217.25	$217.18	$217.12
26.25%	$219.58	$219.48	$219.39	$219.31	$219.24	$219.18
26.50%	$221.62	$221.53	$221.44	$221.37	$221.30	$221.24
26.75%	$223.67	$223.58	$223.50	$223.43	$223.36	$223.31
27.00%	$225.73	$225.63	$225.55	$225.49	$225.42	$225.37
27.25%	$227.78	$227.69	$227.61	$227.55	$227.49	$227.44
27.50%	$229.83	$229.75	$229.67	$229.61	$229.55	$229.50
27.75%	$231.89	$231.80	$231.73	$231.67	$231.62	$231.57
28.00%	$233.94	$233.86	$233.79	$233.74	$233.68	$233.64
28.25%	$236.00	$235.92	$235.86	$235.80	$235.75	$235.71
28.50%	$238.06	$237.98	$237.92	$237.87	$237.82	$237.78
28.75%	$240.12	$240.05	$239.99	$239.93	$239.89	$239.85
29.00%	$242.18	$242.11	$242.05	$242.00	$241.95	$241.92
29.25%	$244.24	$244.17	$244.12	$244.07	$244.02	$243.99
29.50%	$246.30	$246.24	$246.18	$246.14	$246.09	$246.06
29.75%	$248.36	$248.30	$248.25	$248.20	$248.17	$248.13
30.00%	$250.43	$250.37	$250.32	$250.27	$250.24	$250.20

年金現值表（本息平均攤還）　294～324期、年利率0.25%～15.00%

年利率\期數(月)	294	300	306	312	318	324
0.25%	$35.07	$34.39	$33.74	$33.11	$32.50	$31.92
0.50%	$36.15	$35.47	$34.81	$34.19	$33.58	$33.00
0.75%	$37.24	$36.57	$35.91	$35.29	$34.68	$34.10
1.00%	$38.36	$37.69	$37.04	$36.41	$35.81	$35.23
1.25%	$39.50	$38.83	$38.18	$37.56	$36.96	$36.38
1.50%	$40.67	$39.99	$39.35	$38.73	$38.13	$37.55
1.75%	$41.85	$41.18	$40.54	$39.92	$39.32	$38.75
2.00%	$43.05	$42.39	$41.74	$41.13	$40.54	$39.97
2.25%	$44.28	$43.61	$42.98	$42.36	$41.78	$41.21
2.50%	$45.52	$44.86	$44.23	$43.62	$43.04	$42.47
2.75%	$46.79	$46.13	$45.50	$44.90	$44.32	$43.76
3.00%	$48.07	$47.42	$46.80	$46.20	$45.62	$45.07
3.25%	$49.38	$48.73	$48.11	$47.52	$46.95	$46.40
3.50%	$50.70	$50.06	$49.45	$48.86	$48.30	$47.75
3.75%	$52.05	$51.41	$50.81	$50.22	$49.66	$49.13
4.00%	$53.41	$52.78	$52.18	$51.60	$51.05	$50.52
4.25%	$54.80	$54.17	$53.58	$53.01	$52.46	$51.94
4.50%	$56.20	$55.58	$54.99	$54.43	$53.89	$53.37
4.75%	$57.62	$57.01	$56.43	$55.87	$55.34	$54.83
5.00%	$59.06	$58.46	$57.88	$57.33	$56.81	$56.30
5.25%	$60.52	$59.92	$59.36	$58.82	$58.30	$57.80
5.50%	$61.99	$61.41	$60.85	$60.31	$59.80	$59.31
5.75%	$63.49	$62.91	$62.36	$61.83	$61.33	$60.85
6.00%	$65.00	$64.43	$63.89	$63.37	$62.87	$62.40
6.25%	$66.53	$65.97	$65.43	$64.92	$64.43	$63.97
6.50%	$68.07	$67.52	$66.99	$66.49	$66.01	$65.56
6.75%	$69.64	$69.09	$68.57	$68.08	$67.61	$67.16
7.00%	$71.21	$70.68	$70.17	$69.68	$69.22	$68.78
7.25%	$72.81	$72.28	$71.78	$71.30	$70.85	$70.42
7.50%	$74.42	$73.90	$73.41	$72.94	$72.50	$72.07
7.75%	$76.04	$75.53	$75.05	$74.59	$74.16	$73.74
8.00%	$77.68	$77.18	$76.71	$76.26	$75.83	$75.43
8.25%	$79.33	$78.85	$78.38	$77.94	$77.52	$77.13
8.50%	$81.00	$80.52	$80.07	$79.64	$79.23	$78.84
8.75%	$82.68	$82.21	$81.77	$81.35	$80.95	$80.57
9.00%	$84.38	$83.92	$83.48	$83.07	$82.68	$82.31
9.25%	$86.09	$85.64	$85.21	$84.81	$84.43	$84.07
9.50%	$87.81	$87.37	$86.95	$86.56	$86.19	$85.84
9.75%	$89.54	$89.11	$88.71	$88.32	$87.96	$87.62
10.00%	$91.29	$90.87	$90.47	$90.10	$89.74	$89.41
10.25%	$93.05	$92.64	$92.25	$91.88	$91.54	$91.21
10.50%	$94.82	$94.42	$94.04	$93.68	$93.35	$93.03
10.75%	$96.60	$96.21	$95.84	$95.49	$95.17	$94.86
11.00%	$98.39	$98.01	$97.65	$97.31	$96.99	$96.70
11.25%	$100.20	$99.82	$99.47	$99.14	$98.83	$98.54
11.50%	$102.01	$101.65	$101.31	$100.98	$100.68	$100.40
11.75%	$103.84	$103.48	$103.15	$102.84	$102.54	$102.27
12.00%	$105.67	$105.32	$105.00	$104.70	$104.41	$104.14
12.25%	$107.51	$107.17	$106.86	$106.56	$106.29	$106.03
12.50%	$109.36	$109.04	$108.73	$108.44	$108.18	$107.92
12.75%	$111.22	$110.91	$110.61	$110.33	$110.07	$109.83
13.00%	$113.09	$112.78	$112.49	$112.22	$111.97	$111.74
13.25%	$114.97	$114.67	$114.39	$114.13	$113.88	$113.66
13.50%	$116.86	$116.56	$116.29	$116.04	$115.80	$115.58
13.75%	$118.75	$118.47	$118.20	$117.96	$117.73	$117.51
14.00%	$120.65	$120.38	$120.12	$119.88	$119.66	$119.45
14.25%	$122.56	$122.29	$122.04	$121.81	$121.60	$121.40
14.50%	$124.48	$124.22	$123.97	$123.75	$123.54	$123.35
14.75%	$126.40	$126.15	$125.91	$125.70	$125.50	$125.31
15.00%	$128.33	$128.08	$127.86	$127.65	$127.45	$127.27

年金現值表（本息平均攤還） 294～324期、年利率15.25%～30.00%

年利率\期數(月)	294	300	306	312	318	324
15.25%	$130.26	$130.03	$129.81	$129.60	$129.42	$129.24
15.50%	$132.20	$131.97	$131.76	$131.57	$131.39	$131.22
15.75%	$134.15	$133.93	$133.72	$133.53	$133.36	$133.20
16.00%	$136.10	$135.89	$135.69	$135.51	$135.34	$135.18
16.25%	$138.06	$137.85	$137.66	$137.49	$137.32	$137.17
16.50%	$140.03	$139.82	$139.64	$139.47	$139.31	$139.17
16.75%	$142.00	$141.80	$141.62	$141.46	$141.30	$141.17
17.00%	$143.97	$143.78	$143.61	$143.45	$143.30	$143.17
17.25%	$145.95	$145.76	$145.60	$145.44	$145.30	$145.17
17.50%	$147.93	$147.75	$147.59	$147.44	$147.31	$147.18
17.75%	$149.92	$149.75	$149.59	$149.45	$149.32	$149.20
18.00%	$151.91	$151.74	$151.59	$151.46	$151.33	$151.22
18.25%	$153.90	$153.74	$153.60	$153.47	$153.35	$153.24
18.50%	$155.90	$155.75	$155.61	$155.48	$155.36	$155.26
18.75%	$157.90	$157.76	$157.62	$157.50	$157.39	$157.29
19.00%	$159.91	$159.77	$159.64	$159.52	$159.41	$159.31
19.25%	$161.92	$161.78	$161.66	$161.54	$161.44	$161.35
19.50%	$163.93	$163.80	$163.68	$163.57	$163.47	$163.38
19.75%	$165.95	$165.82	$165.71	$165.60	$165.50	$165.42
20.00%	$167.97	$167.85	$167.73	$167.63	$167.54	$167.46
20.25%	$169.99	$169.87	$169.76	$169.67	$169.58	$169.50
20.50%	$172.02	$171.90	$171.80	$171.70	$171.62	$171.54
20.75%	$174.04	$173.93	$173.83	$173.74	$173.66	$173.59
21.00%	$176.07	$175.97	$175.87	$175.78	$175.71	$175.64
21.25%	$178.11	$178.00	$177.91	$177.83	$177.75	$177.69
21.50%	$180.14	$180.04	$179.95	$179.87	$179.80	$179.74
21.75%	$182.18	$182.08	$182.00	$181.92	$181.85	$181.79
22.00%	$184.22	$184.12	$184.04	$183.97	$183.90	$183.84
22.25%	$186.26	$186.17	$186.09	$186.02	$185.96	$185.90
22.50%	$188.30	$188.22	$188.14	$188.07	$188.01	$187.96
22.75%	$190.34	$190.26	$190.19	$190.13	$190.07	$190.02
23.00%	$192.39	$192.31	$192.24	$192.18	$192.13	$192.08
23.25%	$194.44	$194.36	$194.30	$194.24	$194.18	$194.14
23.50%	$196.49	$196.42	$196.35	$196.30	$196.24	$196.20
23.75%	$198.54	$198.47	$198.41	$198.36	$198.31	$198.26
24.00%	$200.59	$200.53	$200.47	$200.42	$200.37	$200.33
24.25%	$202.65	$202.58	$202.53	$202.48	$202.43	$202.39
24.50%	$204.70	$204.64	$204.59	$204.54	$204.50	$204.46
24.75%	$206.76	$206.70	$206.65	$206.60	$206.56	$206.53
25.00%	$208.82	$208.76	$208.71	$208.67	$208.63	$208.60
25.25%	$210.88	$210.82	$210.78	$210.73	$210.70	$210.66
25.50%	$212.94	$212.89	$212.84	$212.80	$212.77	$212.73
25.75%	$215.00	$214.95	$214.91	$214.87	$214.83	$214.80
26.00%	$217.06	$217.02	$216.97	$216.94	$216.90	$216.88
26.25%	$219.13	$219.08	$219.04	$219.01	$218.97	$218.95
26.50%	$221.19	$221.15	$221.11	$221.08	$221.05	$221.02
26.75%	$223.26	$223.22	$223.18	$223.15	$223.12	$223.09
27.00%	$225.32	$225.28	$225.25	$225.22	$225.19	$225.17
27.25%	$227.39	$227.35	$227.32	$227.29	$227.26	$227.24
27.50%	$229.46	$229.42	$229.39	$229.36	$229.34	$229.32
27.75%	$231.53	$231.49	$231.46	$231.43	$231.41	$231.39
28.00%	$233.60	$233.56	$233.53	$233.51	$233.49	$233.47
28.25%	$235.67	$235.64	$235.61	$235.58	$235.56	$235.54
28.50%	$237.74	$237.71	$237.68	$237.66	$237.64	$237.62
28.75%	$239.81	$239.78	$239.75	$239.73	$239.71	$239.70
29.00%	$241.88	$241.85	$241.83	$241.81	$241.79	$241.77
29.25%	$243.96	$243.93	$243.90	$243.88	$243.87	$243.85
29.50%	$246.03	$246.00	$245.98	$245.96	$245.94	$245.93
29.75%	$248.10	$248.08	$248.05	$248.04	$248.02	$248.01
30.00%	$250.18	$250.15	$250.13	$250.11	$250.10	$250.08

年金現值表（本息平均攤還）　330～360期、年利率0.25%～15.00%

年利率\期數(月)	330	336	342	348	354	360
0.25%	$31.36	$30.82	$30.30	$29.79	$29.31	$28.84
0.50%	$32.44	$31.90	$31.38	$30.88	$30.39	$29.92
0.75%	$33.54	$33.01	$32.49	$31.98	$31.50	$31.03
1.00%	$34.67	$34.14	$33.62	$33.12	$32.63	$32.16
1.25%	$35.82	$35.29	$34.77	$34.27	$33.79	$33.33
1.50%	$37.00	$36.47	$35.95	$35.46	$34.98	$34.51
1.75%	$38.20	$37.67	$37.16	$36.66	$36.19	$35.72
2.00%	$39.42	$38.89	$38.38	$37.89	$37.42	$36.96
2.25%	$40.67	$40.14	$39.64	$39.15	$38.68	$38.22
2.50%	$41.93	$41.41	$40.91	$40.43	$39.96	$39.51
2.75%	$43.23	$42.71	$42.21	$41.73	$41.27	$40.82
3.00%	$44.54	$44.03	$43.53	$43.06	$42.60	$42.16
3.25%	$45.87	$45.37	$44.88	$44.41	$43.96	$43.52
3.50%	$47.23	$46.73	$46.25	$45.78	$45.34	$44.90
3.75%	$48.61	$48.11	$47.64	$47.18	$46.74	$46.31
4.00%	$50.01	$49.52	$49.05	$48.60	$48.16	$47.74
4.25%	$51.43	$50.95	$50.48	$50.04	$49.61	$49.19
4.50%	$52.88	$52.40	$51.94	$51.50	$51.08	$50.67
4.75%	$54.34	$53.87	$53.42	$52.98	$52.57	$52.16
5.00%	$55.82	$55.36	$54.91	$54.49	$54.08	$53.68
5.25%	$57.32	$56.87	$56.43	$56.01	$55.61	$55.22
5.50%	$58.85	$58.40	$57.97	$57.55	$57.16	$56.78
5.75%	$60.39	$59.95	$59.52	$59.12	$58.73	$58.36
6.00%	$61.95	$61.51	$61.10	$60.70	$60.32	$59.96
6.25%	$63.52	$63.10	$62.69	$62.30	$61.93	$61.57
6.50%	$65.12	$64.70	$64.30	$63.92	$63.56	$63.21
6.75%	$66.73	$66.32	$65.93	$65.56	$65.20	$64.86
7.00%	$68.36	$67.96	$67.58	$67.21	$66.86	$66.53
7.25%	$70.01	$69.62	$69.24	$68.88	$68.54	$68.22
7.50%	$71.67	$71.29	$70.92	$70.57	$70.24	$69.92
7.75%	$73.35	$72.97	$72.62	$72.28	$71.95	$71.64
8.00%	$75.04	$74.68	$74.33	$73.99	$73.68	$73.38
8.25%	$76.75	$76.39	$76.05	$75.73	$75.42	$75.13
8.50%	$78.47	$78.12	$77.79	$77.48	$77.18	$76.89
8.75%	$80.21	$79.87	$79.55	$79.24	$78.95	$78.67
9.00%	$81.96	$81.63	$81.31	$81.02	$80.73	$80.46
9.25%	$83.73	$83.40	$83.10	$82.81	$82.53	$82.27
9.50%	$85.50	$85.19	$84.89	$84.61	$84.34	$84.09
9.75%	$87.29	$86.99	$86.70	$86.42	$86.16	$85.92
10.00%	$89.09	$88.80	$88.51	$88.25	$88.00	$87.76
10.25%	$90.91	$90.62	$90.34	$90.09	$89.84	$89.61
10.50%	$92.73	$92.45	$92.18	$91.93	$91.70	$91.47
10.75%	$94.57	$94.29	$94.04	$93.79	$93.56	$93.35
11.00%	$96.41	$96.15	$95.90	$95.66	$95.44	$95.23
11.25%	$98.27	$98.01	$97.77	$97.54	$97.33	$97.13
11.50%	$100.14	$99.89	$99.65	$99.43	$99.22	$99.03
11.75%	$102.01	$101.77	$101.54	$101.33	$101.13	$100.94
12.00%	$103.90	$103.66	$103.44	$103.24	$103.04	$102.86
12.25%	$105.79	$105.56	$105.35	$105.15	$104.96	$104.79
12.50%	$107.69	$107.47	$107.27	$107.07	$106.89	$106.73
12.75%	$109.60	$109.39	$109.19	$109.00	$108.83	$108.67
13.00%	$111.52	$111.31	$111.12	$110.94	$110.78	$110.62
13.25%	$113.44	$113.25	$113.06	$112.89	$112.73	$112.58
13.50%	$115.38	$115.18	$115.01	$114.84	$114.69	$114.54
13.75%	$117.32	$117.13	$116.96	$116.80	$116.65	$116.51
14.00%	$119.26	$119.08	$118.92	$118.76	$118.62	$118.49
14.25%	$121.21	$121.04	$120.88	$120.73	$120.60	$120.47
14.50%	$123.17	$123.01	$122.85	$122.71	$122.58	$122.46
14.75%	$125.14	$124.98	$124.83	$124.69	$124.57	$124.45
15.00%	$127.11	$126.95	$126.81	$126.68	$126.56	$126.44

年金現值表（本息平均攤還）　330～360期、年利率15.25%～30.00%

年利率\期數(月)	330	336	342	348	354	360
15.25%	$129.08	$128.94	$128.80	$128.67	$128.55	$128.45
15.50%	$131.06	$130.92	$130.79	$130.67	$130.56	$130.45
15.75%	$133.05	$132.91	$132.79	$132.67	$132.56	$132.46
16.00%	$135.04	$134.91	$134.79	$134.67	$134.57	$134.48
16.25%	$137.04	$136.91	$136.79	$136.68	$136.58	$136.49
16.50%	$139.03	$138.91	$138.80	$138.70	$138.60	$138.51
16.75%	$141.04	$140.92	$140.81	$140.71	$140.62	$140.54
17.00%	$143.05	$142.93	$142.83	$142.73	$142.65	$142.57
17.25%	$145.06	$144.95	$144.85	$144.76	$144.67	$144.60
17.50%	$147.07	$146.97	$146.87	$146.79	$146.71	$146.63
17.75%	$149.09	$148.99	$148.90	$148.82	$148.74	$148.67
18.00%	$151.11	$151.01	$150.93	$150.85	$150.78	$150.71
18.25%	$153.13	$153.04	$152.96	$152.88	$152.81	$152.75
18.50%	$155.16	$155.07	$154.99	$154.92	$154.86	$154.79
18.75%	$157.19	$157.11	$157.03	$156.96	$156.90	$156.84
19.00%	$159.23	$159.15	$159.07	$159.01	$158.94	$158.89
19.25%	$161.26	$161.18	$161.11	$161.05	$160.99	$160.94
19.50%	$163.30	$163.23	$163.16	$163.10	$163.04	$162.99
19.75%	$165.34	$165.27	$165.20	$165.15	$165.09	$165.05
20.00%	$167.38	$167.31	$167.25	$167.20	$167.15	$167.10
20.25%	$169.43	$169.36	$169.30	$169.25	$169.20	$169.16
20.50%	$171.47	$171.41	$171.36	$171.31	$171.26	$171.22
20.75%	$173.52	$173.46	$173.41	$173.36	$173.32	$173.28
21.00%	$175.57	$175.52	$175.46	$175.42	$175.38	$175.34
21.25%	$177.63	$177.57	$177.52	$177.48	$177.44	$177.40
21.50%	$179.68	$179.63	$179.58	$179.54	$179.50	$179.47
21.75%	$181.73	$181.68	$181.64	$181.60	$181.56	$181.53
22.00%	$183.79	$183.74	$183.70	$183.66	$183.63	$183.60
22.25%	$185.85	$185.80	$185.76	$185.73	$185.69	$185.67
22.50%	$187.91	$187.87	$187.83	$187.79	$187.76	$187.73
22.75%	$189.97	$189.93	$189.89	$189.86	$189.83	$189.80
23.00%	$192.03	$191.99	$191.96	$191.93	$191.90	$191.87
23.25%	$194.09	$194.06	$194.02	$193.99	$193.97	$193.94
23.50%	$196.16	$196.12	$196.09	$196.06	$196.04	$196.02
23.75%	$198.22	$198.19	$198.16	$198.13	$198.11	$198.09
24.00%	$200.29	$200.26	$200.23	$200.20	$200.18	$200.16
24.25%	$202.36	$202.33	$202.30	$202.27	$202.25	$202.23
24.50%	$204.43	$204.40	$204.37	$204.35	$204.33	$204.31
24.75%	$206.49	$206.47	$206.44	$206.42	$206.40	$206.38
25.00%	$208.56	$208.54	$208.51	$208.49	$208.47	$208.46
25.25%	$210.64	$210.61	$210.59	$210.57	$210.55	$210.53
25.50%	$212.71	$212.68	$212.66	$212.64	$212.62	$212.61
25.75%	$214.78	$214.75	$214.73	$214.72	$214.70	$214.69
26.00%	$216.85	$216.83	$216.81	$216.79	$216.78	$216.76
26.25%	$218.92	$218.90	$218.88	$218.87	$218.85	$218.84
26.50%	$221.00	$220.98	$220.96	$220.94	$220.93	$220.92
26.75%	$223.07	$223.05	$223.04	$223.02	$223.01	$223.00
27.00%	$225.15	$225.13	$225.11	$225.10	$225.09	$225.07
27.25%	$227.22	$227.20	$227.19	$227.18	$227.16	$227.15
27.50%	$229.30	$229.28	$229.27	$229.25	$229.24	$229.23
27.75%	$231.37	$231.36	$231.34	$231.33	$231.32	$231.31
28.00%	$233.45	$233.43	$233.42	$233.41	$233.40	$233.39
28.25%	$235.53	$235.51	$235.50	$235.49	$235.48	$235.47
28.50%	$237.60	$237.59	$237.58	$237.57	$237.56	$237.55
28.75%	$239.68	$239.67	$239.66	$239.65	$239.64	$239.63
29.00%	$241.76	$241.75	$241.74	$241.73	$241.72	$241.71
29.25%	$243.84	$243.82	$243.81	$243.81	$243.80	$243.79
29.50%	$245.91	$245.90	$245.89	$245.89	$245.88	$245.87
29.75%	$247.99	$247.98	$247.97	$247.97	$247.96	$247.95
30.00%	$250.07	$250.06	$250.05	$250.05	$250.04	$250.03

國民理財系列叢書

『國民理財』系列書號	書名	定價
Let's Finance！— 1	因為敗家，所以理財	149 元
Let's Finance！— 2	就拿3,000元，學買基金	149 元
Let's Finance！— 3	就拿2,000元，學買股票	149 元
Let's Finance！— 4	30分鐘報稅成功	88 元
Let's Finance！— 5	0存款，就這樣買房子	149 元
Let's Finance！— 6	不為孩子理財，要教孩子理財	149 元

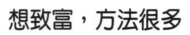

想致富，方法很多

找出適合自己的方式，很重要！

〔絕版好書，存書有限，欲購從速！〕

專案書號	書名	定價
Smart be rich — 1	看懂財報，做對投資	199 元
Smart be rich — 2	小家庭家計規畫書	129 元
Smart be rich — 3	愛理財家計簿	199 元

●前請先來電（email）查詢，是否尚有您想要購買的圖書。
●本公司交貨投遞一律經中華郵政（郵局）以普通函件方式投遞，不加收郵費。
●付款方式：
　ATM轉帳：中華商業銀行仁愛分行（銀行代號：804），帳號：032-01-001129-1-00
　郵政劃撥帳號：19329140　戶名：恆兆文化有限公司
●連絡資訊：
　連絡電話：02-27369882　傳真：02-27338407　email：service＠book2000.com.tw
　地址：110 台北市吳興街118巷25弄2號2F 恆兆資訊網 http://www.book2000.com.tw

國民理財
Let's finance

國民理財
Let's finance